人生大学讲堂书系

人生大学榜样讲堂

探索英雄的传奇故事

TANSUO YINGXIONG DE CHUANQI GUSHI

拾月　主编

主　编：拾　月

副主编：王洪锋　卢丽艳

编　委：张　帅　车　坤　丁　辉
　　　　李　丹　贾宇墨

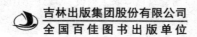

吉林出版集团股份有限公司

全国百佳图书出版单位

图书在版编目（ＣＩＰ）数据

探索英雄的传奇故事 / 拾月主编. -- 长春：吉林出版集团股份有限公司, 2016.2（2022.4重印）

（人生大学讲堂书系）

ISBN 978-7-5581-0729-0

Ⅰ. ①探… Ⅱ. ①拾… Ⅲ. ①英雄－生平事迹－世界－青少年读物 Ⅳ. ①K811-49

中国版本图书馆CIP数据核字（2016）第041354号

TANSUO YINGXIONG DE CHUANQI GUSHI

探索英雄的传奇故事

主　　编	拾　月	
副 主 编	王洪锋　卢丽艳	
责任编辑	杨亚仙	
装帧设计	刘美丽	

出　　版	吉林出版集团股份有限公司	
发　　行	吉林出版集团社科图书有限公司	
地　　址	吉林省长春市南关区福祉大路5788号　邮编：130118	
印　　刷	鸿鹄（唐山）印务有限公司	
电　　话	0431-81629712（总编办）　0431-81629729（营销中心）	
抖 音 号	吉林出版集团社科图书有限公司　37009026326	

开　　本	710 mm×1000 mm　1 / 16	
印　　张	12	
字　　数	200 千字	
版　　次	2016 年 3 月第 1 版	
印　　次	2022 年 4 月第 2 次印刷	

书　　号	ISBN 978-7-5581-0729-0	
定　　价	36.00 元	

如有印装质量问题，请与市场营销中心联系调换。0431-81629729

"人生大学讲堂书系" 总前言

昙花一现，把耀眼的美只定格在了一瞬间，无数的努力、无数的付出只为这一个宁静的夜晚；蚕蛹在无数个黑夜中默默地等待，只为了有朝一日破茧成蝶，完成生命的飞跃。人生也一样，短暂却也耀眼。

每一个生命的诞生，都如摊开一张崭新的图画。岁月的年轮在四季的脚步中增长，生命在一呼一吸间得到升华。随着时间的推移，我们渐渐成长，对人生有了更深刻的认识：人的一生原来一直都在不停地学习。学习说话、学习走路、学习知识、学习为人处世……"活到老，学到老"远不是说说那么简单。

有梦就去追，永远不会觉得累。——假若你是一棵小草，即使没有花儿的艳丽，大树的强壮，但是你却可以为大地穿上美丽的外衣。假若你是一条无名的小溪，即使没有大海的浩瀚，大江的奔腾，但是你可以汇成浩浩荡荡的江河。人生也是如此，即使你是一个不出众的人，但只要你不断学习，坚持不懈，就一定会有流光溢彩之日。邓小平曾经说过："我没有上过大学，但我一向认为，从我出生那天起，就在上着人生这所大学。它没有毕业的一天，直到去见上帝。"

人生在世，需要目标、追求与奋斗；需要尝尽苦辣酸甜；需要在失败后汲取经验。俗话说，"不经历风雨，怎能见彩虹"，人生注定要九转曲折，没有谁的一生是一帆风顺的。生命中每一个挫折的降临，都是命运驱使你重新开始的机会，让你有朝一日苦尽甘来。每个人都曾遭受过打击与嘲讽，但人生都会有收获时节，你最终还是会奏响生命的乐章，唱出自己最美妙的歌！

正所谓，"失败是成功之母"。在漫长的成长路途中，我们都会经历无数次磨炼。但是，我们不能气馁，不能向失败认输。那样的话，就等于抛弃了自己。我们应该一往无前，怀着必胜的信念，迎接成功那一刻的辉煌……

感悟人生，我们应该懂得面对，这样人生才不会失去勇气……

感悟人生，我们应该知道乐观，这样生活才不会失去希望……

感悟人生，我们应该学会智慧，这样在社会上才不会迷失……

本套"人生大学讲堂书系"分别从"人生大学活法讲堂""人生大学名人讲堂""人生大学榜样讲堂""人生大学知识讲堂"四个方面，以人生的真知灼见去诠释人生大学这个主题的寓意和内涵，让每个人都能够读完"人生的大学"，成为一名"人生大学"的优等生，使每个人都能够创造出生命中的辉煌，让人生之花耀眼绚丽地绽放！

作为新时代的青年人，终究要登上人生大学的顶峰，打造自己的一片蓝天，像雄鹰一样展翅翱翔！

人生大学榜样讲堂丛书前言

生命如夏花般多彩绚丽,生活如山峦般催人攀登。历史的钟声在新世纪的节奏中激荡,成功的号角为有准备的人而吹响,稚嫩的新苗还需要汲取更多的阳光雨露,而榜样,正是新时代青年成长的指引,积聚力量的源泉。

时光暗淡了岁月的影子,却定格了幸福的记忆;历史风华了沧桑的背影,却铭记了伟人的足迹;时代没有挽留踟蹰的过去,却留住了奋进的力量。面对挑战,面对希望,面对成功,每一个饱含激情的青少年都会跳动着时代的最强音符,释放出自己的全部能量。但在很多时候,智者的提醒,成功者的引导,都会成为我们前进道路上的捷径。因他们曾经用一往无前的坚持丈量出生命的高度,用自身的人格魅力传播着人生的正能量,用锲而不舍的努力奏响了时代的最强音。因为他们满怀美好,积聚力量,从未停下奋斗的脚步……

榜样,如夜空中璀璨的群星,照亮我们前行的方向。榜样的力量是无穷的,以成功人士为榜样,可以找准人生的方向,收获成长的力量;榜样的力量是无穷的,古往今来,人类历史上涌现出了众多的成功人士,他们或睿智通达,或坚忍不拔,或矢志不渝,或勇于任事……这些成功人士犹如历史长河中的一颗颗明珠,绽放出绚烂夺目的光彩。

假如你的成长中缺少了你可以学习的榜样,一路上只有你自己摸索前行,生命该是怎样的艰辛困苦。父母给予生命,老师传授知识,榜样赋予理想。我们已经拥有了生命,掌握了一部分的知识,剩下的就是找一个敦促我们为理想前进的榜样,来填补成长的空白,培养健康的身心。

培根说过这样一句话:"读史使人明智。"而历史,恰恰是由千千万万个杰出历史人物凝聚而成的。他们是某一个时代的骄傲,是一个民族的杰出灵魂。他们在自己的领域最大限度地发挥自己的灵性,守护着自己的理想,他们的名字将永远写在历史上……

因此，对于青少年来说，向榜样看齐不仅能够增长知识、了解历史、陶冶情操，还可以汲取这些成功人士身上的优秀品质，使自己变得睿智。尤为重要的是，当我们走近名人，感受他们的心跳，感受他们的高尚情操，感受他们永恒的精神力量时，你会在无形中重塑崭新的自我，让自己的意志更加顽强坚定、精神更加无私高尚、思想更加成熟出众。

很多当代思想家、教育家也都一致肯定，通过学习阅读人物传记，可以使青少年收获一个虚拟的"老师"和一个虚拟的"偶像"。这个"老师"可以扩展青少年的眼界、塑造青少年的心灵；而这个"偶像"可以引导青少年向名人学习，从而约束或改正自己的不良行为和不良嗜好……最终让青少年重新认识并规划自己的人生：激励自己，成长自己，升华自己！

本套《人生大学榜样讲堂》系列丛书包括《耀世名人的榜样力量》《时代先驱的求索道路》《文韬武略的沙场人生》《心灵导师的智慧人生》《文艺大师的情操风范》《科学巨擘的人生贡献》《医界英才的济世传奇》《探索英雄的传奇故事》《财富精英的创富密码》《精神领袖的人生坐标》10 本书，精选在各个领域中颇具代表性的成功人士的成长故事，为青少年的成长提供精神的营养、榜样的启迪。通过阅读《人生大学榜样讲堂》系列丛书，青少年不仅可以开阔眼界、增长见闻，还可以从榜样的经历中汲取拼搏的激情，领悟人生的真谛。本套丛书将每个榜样人物深刻地解读，字字值得品味，篇篇引人思索，让读者与书籍进行一次心灵的对话。读榜样故事，与大师交流，那些成功人士将指引你把握命运，点亮你智慧的火种，指引你前进的方向，激励你奋进的步伐，成就你美好的未来！

第1章　庙堂之高，忧国忧民——政界英雄的奉献人生

第2章　兴衰交替，以史为鉴——历史英雄的开拓人生

第 5 章　鬼斧神工，浑然天成——建筑英雄的突破人生

第 6 章　心系世界，求索而进——地理英雄的征服人生

第7章　奉献自己，沟通世界——科学英雄的求知人生

第 **1** 章

庙堂之高，忧国忧民
——政界英雄的奉献人生

正所谓"在其位，谋其政"，居庙堂之高则应该具有忧国忧民、利国利民的心胸与情怀。在国家贫瘠、羸弱的落后时代，在政治积弊已久、战乱不断的紧要关头，作为爱国人士自然应该挺身而出，为国家和黎民百姓出力。无论你的民族、肤色为何，都应该具有以国家兴亡为己任的责任感。

第一节 以天下事为己任
——范仲淹

范仲淹，字希文，汉族，北宋著名的政治家、思想家、军事家、文学家、教育家，世称"范文正公"。宋仁宗时期，担任右司谏。1038年，在西夏李元昊的叛乱中与韩琦共同担任陕西经略安抚招讨副使，采取"屯田久守"方针，协助夏竦平定叛乱。1043年，与富弼、韩琦等人参与"庆历新政"，提出了"明黜陟、抑侥幸、精贡举"等十项改革建议，历时仅一年。后因为遭反对，被贬为地方官，辗转于邓州、杭州、青州，晚年知杭州期间，设立义庄。1052年病逝于徐州，谥文正。著有《范文正公文集》。

刻苦攻读，终于中第

公元1011年，23岁的范仲淹来到南京应天府书院（今河南省商丘市睢阳区）。应天府书院是宋代著名的四大书院之一，校舍宏伟，共有校舍150间，藏书数千卷，更主要的是这里聚集了许多操守才智俱佳的师生。到这样的学院读书，既有名师可以请教，又有许多同学互相切磋，还有大量的书籍可供阅览，况且学院免费就学，更是经济拮据的范仲淹求之不得的。

所以，范仲淹十分珍惜崭新的学习环境，来到这里以后，他如鱼得水，不思昼夜，刻苦攻读。范仲淹的一个同学家中比较富有，他看范仲淹常年吃粥，便时常送些美食给他，想让他改善下生活。但是没想到的是，范仲淹竟然一口都不吃，任由佳肴发霉。直到人家怪罪起来，他才长揖致谢说："我已安于划粥割斋的生活，担心一旦享用惯了这些好的吃食，日后就咽不下粥和咸菜了。"

范仲淹可以说是身在陋巷，但仍乐在其中。

范仲淹连岁苦读，从春至夏，经秋历冬——凌晨舞一通剑，直到半夜穿着衣服就睡了；别人看花赏月，他只在书中寻乐；偶然兴起，也吟诗抒怀。数年之后，范仲淹对儒家经典如《诗经》、《尚书》、《易经》、《礼记》、《春秋》等书的主旨，已然堪称大通。吟诗作文，也感叹以天下为己任，由此可见，这时的他已决心担当起国家兴亡的重任。

公元 1014 年，迷信道教的宋真宗率领百官到亳州（今安徽省亳州市）去朝拜太清宫，浩浩荡荡的车马路过南京（今河南省商丘市），百姓们挤挤拥拥唯恐错过龙颜。同样听到这个消息的范仲淹却不为所动，一个人闭门不出，仍然埋头读书。有个要好的同学特地跑来劝他："快去看，这是个千载难逢的机会，千万不要错过了！"但范仲淹只随口说了一句"将来再见也不晚"，便头也不抬地继续读他的书了。果然，第二年他就中了进士，后来他成为北宋伟大的改革家、思想家。

世上无难事，只怕有心人。只要我们和范仲淹一样努力刻苦，将来也必定一举成名，有更好的发展。范仲淹在读书期间就能够做到心怀天下，正是因为他有了这样宏大的目标和理想，在艰苦的环境之中，方能够做到心无旁骛。

在学生生涯中，有的老师总是会说，作为学生一定要在心里树立一个目标。这个目标可大可小，大到未来的前途，小到下次考试的成绩和名次，做人不能没有目标，否则就容易虚度光阴。其实每个人心中的目标不尽相同，但是有了目标，就有了向目标靠近的动力和冲劲儿，做起事来事半功倍。

范仲淹正是因为在心中树立了一个非常坚定的目标，才能够在求学的几年光阴中忍受住常人不能忍受的贫穷和寂寞，才能在短短的时间内金榜题名，才能在日后的人生坐标里不迷失方向。

忧国忧民拟新政

1043年9月，此时的宋朝朝廷积弊已久，仁宗连日催促范仲淹等人拿出措施，改变局面。范仲淹、富弼和韩琦连夜起草改革方案，特别是范仲淹，非常认真地总结出从政28年来酝酿已久的改革思想，这就是著名的新政纲领《答手诏条陈十事》，在这个纲领里，他提出了十项改革主张，主要内容是：

▲明黜陟，即严明官吏升降制度。那时，升降官员不问劳逸如何，不看政绩好坏，只以资历为准。很多官员不求有功，但求无过，因循苟且，无所作为。范仲淹提出，庙堂之上也需要考核政绩，可以破格提拔有大功劳和明显政绩的官员，同时也可以撤换有罪和不称职的官员。

▲抑侥幸，即限制侥幸做官和升官的途径。当时，大官每年都要自荐自己门下的子弟进京做京官，一个学士以上的官员，在做官二十年的时间里，一家兄弟子孙出任京官的就有二十人。这样一个接一个地进入朝廷，浪费了不少国家开支。更严重的是，这些纨绔子弟不干正事，只知相互包庇，结党营私，不仅在官员内部形成了不好的风气，也影响百姓心中官员的形象。为了国家政治的清明和减少财政开支，范仲淹提出，应该限制大官的恩荫特权，防止他们的子弟充任馆阁要职。

▲精贡举，即严谨的贡举制度。为了培养有真才实学的人，就应该改革科举考试内容，把原来进士科只注重诗赋改为重策论，把明经科只要求死背儒家经书的词句改为要求阐述经书的意义和道理。这样，学生们有真才实学，进士之法，治国思想，便可以依其名而求其实了。

▲择长官，即对地方官员进行业绩考核。这是范仲淹针对当时分布在州、县两级官不称职者十居八九的状况，提出要让朝廷每隔一段时间就派出得力的人往各地检查地方政绩，奖励能员，罢免没有才能的人；并且要地方官通过认真地推荐和审查，以防止冗滥。

▲均公田。公田，即职田，这是北宋地方官的定额收入之一，但分配上往往高低不均，有很多地方官员都曾经在私下抱怨过。范仲淹认为，朝廷自身都不能做到供给平均、平等，怎么能要求官员尽职办事呢？所

以，他建议朝廷均衡一下他们的职田收入，没有发给职田的，按等级发给他们，让这些地方官员有足够的收入养活自己。这样一来，便可以督责他们廉节为政；对那些违法的人，也可予以惩办或撤职了。

▲厚农桑，即重视农桑等生产事业。范仲淹建议朝廷降下诏令，要求地方政府的官员兴修水利，大兴农利，并制定一套奖励百姓、考核官员的制度长期实行。

▲修武备，即整治军备。在中国古代（冷兵器时期）军备力量是非常重要的，尽管宋太祖赵匡胤制定了"重文不重武"的国策，但是并不代表可以不重视军备力量。所以范仲淹建议：在京城附近地区招募强壮男丁，充作京畿卫士，用来辅助正规军。这些卫士每年大约用三个季度的时光务农，一个季度的时光教练战斗，寓兵于农。实施这一制度，可以节省给养之费。京师的这种制度如果成功了，再由各地仿照执行。

▲除了这几大非常重要的措施之外，还有推恩信（广泛落实朝廷的惠政和信义）、重命令（要严肃对待和慎重发布朝廷号令）、减徭役等措施。

范仲淹将《条陈十事》写成后，立即呈送给宋仁宗。宋仁宗在上朝时和其他官员商量之后，表示对此赞同，便逐渐以诏令形式颁发全国。于是，北宋历史上轰动一时的"庆历新政"就在范仲淹的领导下开始了，范仲淹的改革思想得以付诸实施。

新政实施之后短短几个月的时间，政治局面已焕然一新：官僚机构开始精简；以往凭家势做官的子弟，受到重重限制；昔日单凭资历晋升的官僚，增加了调查业绩品德等手续，有特殊才干的人员，得到破格提拔；科举中，突出了实用议论文的考核；全国普遍办起了学校。

范仲淹的这些措施无疑是十分有益的，可惜的是，由于当时社会背景的限制和宋神宗的退缩，新政没有长久地持续下去。尽管如此，范仲淹胸怀天下的理想和情怀，他以黎民之福为己任的博大胸襟却是值得称颂的。

别具识人慧眼

范仲淹特别善于识人、用人。当狄青还是个下级军官时，范仲淹就对他很器重，并且看出狄青是个能成大事之人，便送给他一本《左氏春秋》，并且告诉他说："将不知古今，匹夫勇尔。"意思是说，如果你不通晓古今史事、没有一点文化，最多只是匹夫之勇而已。狄青是个非常聪明的人，也懂得范仲淹的意思，从此便刻苦研究兵书、兵法，后来官任枢密使，成为一代名将。

张载也是被范仲淹发现的。张载少年时就很喜欢谈论兵事，甚至想组织民团夺回洮西的地盘。张载21岁的时候遇到了范仲淹，范仲淹一见就知道张载今后一定是做大事的人，作为将领实在屈才，就对他说："儒者自有名教可乐，何事于兵？"并劝他读《中庸》。张载读了很多儒家思想的书，还不满足，又开始阅读六经。最终，张载成为北宋五子之一，宋明理学关学的创始人，一代大儒。

富弼少年时十分好学并且气度非凡，范仲淹见到他之后惊奇地说道："你具有辅佐君王的才能啊！"并且范仲淹把他的文章给王曾、晏殊看，这两位也是爱贤若渴的人，晏殊甚至把女儿嫁给富弼。后宋仁宗复制科，范仲淹告诉富弼说："你可以去考取功名，为国出力。"富弼果然中举，从此进入官场，后成为一代名相。

很多时候，人们常常会不遗余力地赞扬"千里马"的才能，却忽略了"伯乐"更有着举足轻重的作用。如果没有了伯乐，再好的千里马也不能发挥自己的本领，而范仲淹就是这样一个伯乐。

作为北宋著名的政治家、思想家、军事家、文学家、教育家，范仲淹不仅胸怀天下，同样能够做到识人善用，这是非常难得的事情。纵观历史，有很多高官在任职之后，往往都喜欢收揽心腹，结党营私。可是范仲淹却能做到没有任何私心地为朝廷招揽人才，一切都以国事为重，也正是因为这一点，范仲淹被很多人敬佩。

值得一提的是，他提出的"先天下之忧而忧，后天下之乐而乐"的思想，已经熔铸成为中华民族的传统美德，影响了千千万万人，成为中华民族的宝贵精神财富。其"先忧后乐"精神已成为一座不朽的丰碑，树立在海内外炎黄子孙的心中。

第二节　睁眼看世界第一人
——林则徐

林则徐，福建侯官（今福建省福州市）人，字元抚，又字少穆、石麟，晚号俟村老人、俟村退叟、七十二峰退叟、瓶泉居士、栎社散人等。他是清朝后期政治家、思想家和诗人，中华民族抵御外辱过程中伟大的民族英雄，其主要功绩是虎门销烟。

林则徐在朝为官期间官至一品，曾任江苏巡抚、两广总督、湖广总督、陕甘总督和云贵总督，两次受命为钦差大臣；因其主张严禁鸦片、抵抗西方的侵略、坚持维护中国主权和民族利益深受全世界人民的敬仰。

令世界瞩目的虎门销烟

1838年11月，林则徐被任命为钦差大臣，而接下来的1839年，是禁烟史上最重要的一年，也是林则徐一生之中最辉煌的岁月。

为了彻底消灭鸦片，林则徐去广州之前，就先详细了解了广州受鸦片毒害的情况，并且查找各家烟馆，掌握大量第一手资料。1839年3月10日，林则徐经过两个月的旅程终于到达广州，成千上万的百姓挤满了珠江两岸，人人争睹这名钦差的风采，整个广州都在等待和倾听钦差大臣的声音。林则徐到任的第二天，就在辕门外贴出的两张告示：《收呈示稿》宣布钦差大臣到广州的目的是查办海口事件；另一则《关防示稿》则是林则徐作为钦差大臣向广州官员、百姓和外国人的首次公开亮相，它不仅再次以清廉告白天下，而且是为了驾驭极其复杂的局面。因为在那个时候，林则徐的到任，不仅有当地官员、百姓看在眼中，同样也影响着很多国外势力，他们同样想要看看这个新上任的钦差大臣有何本事。

在查禁鸦片时期，林则徐曾在自己的府衙写过一副对联："海纳百川有容乃大，壁立千仞无欲则刚"。上联是为了告诫自己，要广泛听取各种不同意见，才能把事情办好，立于不败之地；下联是为了砥砺自己，当官必须坚决杜绝私欲，才能像高山那样刚正不阿，挺立世间。林则徐提倡的这种精神，令人钦敬，为后人之鉴。这副对联形象生动，寓意深刻。

1839年3月18日，林则徐发布两个谕贴；3月19日，下令禁止外国人离开广州；3月21日，下令包围商馆；3月22日，下令查拿英国鸦片贩子颠地。短短几日之内，林则徐雷厉风行的举措就引起了外国人的注意，英国驻华商务监督义律马上到了广州，想要与林则徐商讨禁烟事件。说白了，英国人不希望林则徐断了他们的财路，所以才找了个冠冕堂皇的借口。为了对抗义律和禁烟阻力，林则徐特意在他到达当天，下令停泊在黄浦江上的一切外国船只封舱，当天晚上封锁商馆，并且撤走一切差役和中国雇员。但是义律是一个十足的大流氓，面对林则徐的命令，他出尔反尔，无赖、讹诈、欺骗、撒谎的卑鄙手法交替使用。1839年3月28日，义律向林则徐呈送了《义律遵谕呈单缴烟二万零二百八十三箱禀》。

截至5月18日，林则徐一共收缴烟土19187箱零2119袋，总重量达到1188127公斤。在收缴的这段日子里，林则徐日夜操劳，一丝不苟，无一纰漏。待缴烟获得完全的胜利，又有了一个新的难题——如此巨量的鸦片如何处置呢？当时有很多双眼睛都在盯着林则徐，外国人推测他可能对鸦片实行专卖，从而使鸦片买卖合法化。可是他们想错了，林则徐报告道光皇帝，要求验明实物数量后，统一进行焚毁。道光皇帝对林则徐表示了很大的信任，让林则徐带领邓廷桢、怡良等几位官员将收缴的鸦片就地销毁。6月3日开始，历时23天的虎门销烟向全世界宣告了中华民族决不屈服于侵略的决心。

虎门销烟，是人类历史上旷古未有的壮举，虎门销烟，展示出中华民族无与伦比的伟大形象，是抗击外来侵略的胜利。林则徐理所当然地是这一事件的组织者、指挥者和完成者。从这个意义上说，他已毫无愧色地成为历史巨人了。

虎门销烟是我国近代史上反帝斗争中的光辉一页，林则徐领导禁烟运动的胜利，是中国人民反侵略斗争史上第一个伟大胜利。这一壮举，严厉地打击了外国鸦片贩子，维护了中华民族的尊严和利益，增长了中国人民的志气。

林则徐面临的并不仅仅是鸦片，也绝不仅仅是因为鸦片获取暴利的不法商贩，还有试图用鸦片控制中国人的外国列强。这场"禁烟运动"不仅关系到中国人的骨气，也关系到中国的未来。作为当代的青少年，也应该时刻以中华民族的存亡兴衰为己任，牢记振兴中华的使命，做一名合格的社会公民。

引领西学东渐

在广州禁止鸦片的过程中，林则徐意识到英国殖民者不肯放弃罪恶的鸦片贸易，而且蓄谋要用武力侵略中国。为了抗击鸦片侵略，战胜敌人，他进行了大量的"师敌之长技以制敌"的军事变革实践。

林则徐亲自主持并组织翻译班子翻译外国书刊，把外国人讲述中国的言论翻译成《华事夷言》，作为当时中国官吏的"参考消息"；为了解外国的军事、政治、经济情报，将英商主办的《广州周报》译成《澳门新闻报》；为了解西方的地理、历史、政治，较为系统地介绍世界各国的情况，林则徐又组织翻译了英国人慕瑞的《世界地理大全》，编为《四洲志》，还组织翻译瑞士法学家瓦特尔的《国际法》等一系列著作。通过分析外国的政治、法律、军事、经济、文化等方面的情况，林则徐终于认识到只有向西方国家学习才能抵御外国的侵略。于是，他提出"师夷之长技以制夷"的主张，并且表达了为了改变军事技术的落后状态应该制炮造船的意见。在了解世界、研究西方方面，林则徐带了头，成为中国近代传播西方文化、促进西学东渐的领军人物。

在军事方面，林则徐也提议要加强和改善沿海一带防御力量。为此，他派人专门从外国秘购200多门新式大炮配置在海口炮台上。为了改进军事技术，他搜集并整理了大炮瞄准法、战船图书等资料。尽管林则徐对西方认识比较肤浅，接触西学的目的是出于外交、军事的需要，但他开创了中国近代学习和研究西方的风气，对中国近代维新思想起到启蒙作用。

林则徐将西方国家的"战船制造、火器制造和养兵练兵"作为探求军事变革的重要内容，组织官兵学习演练西洋武器，学习西法练兵，并经常亲往阅操，抓紧训练官兵。他还会同两广总督邓廷桢、广东水师提督关天培、广东巡抚怡良等官员检阅军队，准备迎击英国侵略军。当时，数百名精选出来的官兵演习了排枪、火炮等武器的操作，让林则徐看后大为赞赏。他当即挥毫赋写新联一副，悬挂于东校场的演武厅内，以激励官兵的爱国心和责任感。对联上写道："小队出郊峒愿士卒功成净洗银河长不用，偏师成壁垒看百蛮气慑烟消珠海有余清。"林则徐的对联措辞磊落，充满爱国主义的浩然正气，它凝成一股无形的精神力量，激励着东校场上练武的官兵，成为官兵刻苦训练的精神动力。

林则徐在广东一边禁烟，一边积极备战，修建炮台，拉拦江木排铁链，相信"民心可用"，招募五千多渔民编成水勇，屡败英军的挑衅。1839年下半年，取得九龙之役、川鼻官涌之役等反击战的胜利。

林则徐敢于学习外国先进科学技术的精神受到人们高度赞扬，被称为"开眼看世界的第一个人"。

现在的青少年也应该正确地认识我国传统文化和西方文化的关系，对于外国文化既不一概排斥，也不崇洋媚外，而应该以正确的态度视之。

科学地学习和吸收西方先进文化是我们党保持先进性的重要条件，也是我国顺利实现社会主义现代化建设目标的重要途径。首先，对于西方先进文化应该从我国实际需要出发，有选择地学习和吸收，而不应兼收并蓄。其次，学习西方先进文化亦应注意从中国实际出发，对其进行改造和创新，而不应机械照搬，应以创建中国特色先进文化为目的。总之，我们学习和引进西方先进文化必须按照客观规律办事才能获得成功。

第三节　保卫我朝，抵抗侵略
——辛弃疾

辛弃疾是南宋爱国词人。原字坦夫，改字幼安，别号稼轩，汉族，历城（今山东济南）人。辛弃疾出生时，中原已为金兵所占。他21岁参加抗金义军，不久归南宋。历任湖北、江西、湖南、福建、浙东安抚使等职，一生力主抗金。

辛弃疾艺术风格多样，以豪放为主。曾上《美芹十论》与《九议》，条陈战守之策。现存词600多首，题材广阔又善化用前人典故入词，风格沉雄豪迈又不乏细腻柔媚之处。由于与当政的主和派政见不合，后被弹劾落职，退隐，1207年秋，辛弃疾逝世，年68岁。

爱国抱负，义斩义端

1161年，金国君主完颜亮迁都燕京之后，一些长期受奴役和压迫的汉人终于忍无可忍，扛起了反金大旗，其中声势最大的是山东境内揭竿起义的一支队伍，领头的耿京是一位农民出身的济南人。为了响应义军的反金义举，年仅22岁的辛弃疾也乘机拉起了2000人的队伍，准备投奔耿京。可惜的是，在这一时期，年轻的辛弃疾并没有机会在军事舞台上展现他的过人才华，当时，义军首领耿京对这个前来投军的秀才并没有过多的青睐，只命他做了一名无足轻重的文官，掌管文书和帅印。在军队里任文官这一年，出了一件事，终于令耿京对辛弃疾这么一个文武双全的秀才刮目相看，再也不敢小觑。

当初和辛弃疾一起来投奔义军的还有一个和尚，他的名字叫义端，是辛弃疾的结义兄弟。这个叫义端的和尚本身就是个守不了清规戒律的花和尚，因为受不了在义军里当差的辛苦，竟偷偷地盗走了由辛弃疾保管的帅印，准备去金营里邀功。义端和尚曾经也是一小股义军的头头，是被辛弃疾说服一起投奔耿京帐下的，所以当耿京听到义端和尚叛变的消息时非常生气，盛怒之下也找不到别人，只得拿辛弃疾问罪。出现这样的事情，辛弃疾自己也是理屈词穷，自知交友不慎，羞愧难当，当场向耿京立下了军令状，保证一定要追回帅印。

当晚，辛弃疾带了一小队人马埋伏在了去往金营必经的路上。果然，天快亮的时候，义端和尚骑马来到，辛弃疾不由分说，一个箭步蹿了出去，只一刀便将义端和尚砍下马来。那和尚一见是杀气腾腾的辛弃疾，吓得魂飞魄散，当即跪地求饶说："老兄啊，您大人大量，饶了我的小命吧！"面对这样贪生怕死的变节分子，疾恶如仇的辛弃疾哪里肯听，不由分说，手起刀落，义端身首异处。

为了击破金统治者对义军的诱降和进剿，更有效地打击金兵，耿京听从了辛弃疾联系南宋协同抗金的建议，派他为代表到南宋去洽谈。辛弃疾圆满地完成任务后，在返回的途中得知耿京被叛徒张国安杀害的消息，立即带人飞驰张国安所在的金兵大营，活捉了叛徒张国安，并且号召耿京旧部上万士兵反正。这时的辛弃疾年仅23岁。他的英勇行为不仅打击了金人，更鼓舞了人民抗金的信心。

也许大家知道的只是辛弃疾的文才，他的武艺可能还没有太多人知道。其实辛弃疾也是一个忠君爱国，有着伟大抱负的人。他疾恶如仇，眼睛里容不得半点沙子，正是这样刚正不阿的性格，锤炼了他正直的品性。

现实对辛弃疾是严酷的。他虽有出色的才干，但他的豪迈倔强的性格和执着北伐的热情却使他难以在官场上立足。另外，"归正人"的尴尬身份也阻拦了他仕途的发展，使他的官职最高为从四品龙图阁待制。

1180 年，41 岁的辛弃疾再次任隆兴（南昌）知府兼江西安抚使时，拟在上饶建园林式的庄园，安置家人定居。1181 年春，开工兴建带湖新居和庄园。他根据带湖四周的地形地势，亲自设计了"高处建舍，低处辟田"的庄园格局，并对家人说："人生在勤，当以力田为先。"因此，他把带湖庄园取名为"稼轩"，并以此自号"稼轩居士"。

并且他也意识到自己"刚拙自信，年来不为众人所容"，所以早已做好了归隐的准备。果然，淳熙八年（1181）冬，由于受弹劾，辛弃疾官职被罢，带湖新居正好落成，辛弃疾回到上饶，开始了他中年以后的闲居生活。

极高的文学造诣

辛弃疾是个不可多得的爱国词人，在他的作品中也是尽显浓郁的爱国思想、艺术上的创新精神，这些都在文学史上产生了很大影响。与辛弃疾以词唱和的陈亮、刘过等，或稍后的刘克庄、刘辰翁等，都与他的创作倾向相近，形成了南宋中叶以后声势浩大的爱国词派。后世每当国家、民族危急之时，不少作家从辛词中汲取精神上的鼓舞力量。

辛弃疾作为南宋朝廷大臣而写的一篇文章《议练民兵守淮疏》，对战争形势作了鞭辟入里的分析，表达了他强烈的爱国主义感情。辛弃疾用两种截然不同的文体，从不同方面来表达了他慷慨激昂的爱国感情。反映出忧国忧民"道男儿到死心如铁，看试手，补天裂"的壮志豪情和以身报国的高尚理想。

平生以气节自负，以功业自诩，一生力主抗战，所上《美芹十论》与《九议》，条陈战守之策，显示辛弃疾卓越的军事才能与爱国热忱。

又与南宋志士陈亮及理学家朱熹保持深厚友谊，与之砥砺气节，切磋学问。抗金复国是他作品的主旋律，其中不乏英雄末路的悲叹与壮士闲置的愤懑，具有鲜明的时代特色。还以生动细腻的笔触描绘江南农村四时的田园风光、世情民俗。他的词题材广泛，又善化用前人典故入词，风格沉雄豪迈又不乏细腻柔媚之处。在苏轼的基础上，大大开拓了词的思想意境，提高了词的文学地位。后人遂以"苏辛"并称。

辛弃疾与陆游有许多相似之处，他始终把洗雪国耻、收复失地作为自己的毕生事业，并在自己的文学创作中写出了时代的期望和失望、民族的热情与愤慨。在文学创作方面，他不像陆游喜欢写作诗歌尤其是格式严整的七律，而是把全部精力投入词这一更宜于表达激荡多变的情绪的体裁。

辛弃疾在词史上的一个重大贡献，就在于内容的扩大，题材的拓宽。他现存的600多首词作，写政治，写哲理，写朋友之情、恋人之情，写田园风光、民俗人情，写日常生活、读书感受……可以说，凡是能写入其他任何文学样式的东西，他都写入词中，范围比苏词还要广泛得多。而随着内容、题材的变化和感情基调的变化，辛词的艺术风格也有各种变化。

虽说他的词主要以雄伟奔放、富有力度为长，但写起传统的婉媚风格的词，却也十分得心应手。如著名的《摸鱼儿·淳熙亥己》，上阕写惜春，下阕写宫怨，借一个女子的口吻，把一种落寞怅惘的心情一层层地写得十分曲折委婉、回肠荡气，用笔极为细腻。他的许多描述乡村风光和农人生活的作品，又是那样朴素清丽、生机盎然。辛弃疾总是以炽热的感情与崇高的理想来拥抱人生，表现出英雄的豪情与英雄的悲愤。因此，主观情感的浓烈、主观理念的执着，构成了辛词的一大特色。

强烈的爱国主义思想和战斗精神是辛词的基本思想内容，这首先表现在他的词中，他不断重复表述对北方的怀念。另外，在《贺新郎》、《摸鱼儿》等词中，他用"剩水残山"、"斜阳正在，烟柳断肠处"等词句讽刺苟延残喘的南宋小朝廷，表达他对偏安一隅不思北上的不满。胸怀壮志无处可用，表现在词里就是难以掩饰的不平之情。他擅长的怀古之作《水龙吟》中，面对如画江山和英雄人物，在豪情壮志被激发的同时，他也大发英雄无用武之地的感慨。理想与现实的激烈冲突，为他的词构成悲壮的基调。辛词在苏轼词的基础上进一步扩大了题材范围，他几乎达到了无事、无意不可入词的地步。

辛弃疾的词抒发了力图恢复国家统一的爱国热情，倾诉壮志难酬的悲愤，对南宋上层统治集团的屈辱投降进行揭露和批判，也有不少吟咏祖国河山的作品。

第四节　活着就为国家解放而奋斗
——玻利瓦尔

玻利瓦尔是 19 世纪拉丁美洲独立运动之中最杰出的领袖之一。他在 1799 至 1803 年之间曾去西班牙学习哲学、历史和文学，游历了法国、意大利的许多地方，亲眼看到法国大革命后欧洲社会的改革和变化，深受鼓舞。在欧洲，玻利瓦尔遇到了他的老师罗德里格斯。老师鼓励他积极投身到争取美洲解放的革命中去，玻利瓦尔也向老师表示："我准备把自己的生命贡献给这个事业。我以自己的人性和生命宣誓，在我没有打碎西班牙束缚着的我的祖国的枷锁以前，我的手将要不停地打击敌人，我的心也不会安静。"这些誓言成为玻利瓦尔坚定不移的奋斗目标。从此以后，他返回祖国，投身于为独立和自由而斗争的洪流。

玻利瓦尔领导了 1810 至 1830 年期间委内瑞拉、哥伦比亚、厄瓜多尔、秘鲁等地的独立战争，建立了联合委内瑞拉、哥伦比亚和厄瓜多尔的大哥伦比亚共和国及秘鲁、玻利维亚等国家，是南美共和制度的奠基者，被称作"南美洲的华盛顿"。

英雄的征程

1783 年，玻利瓦尔出生在委内瑞拉加拉加斯的一个西班牙血统的贵族家庭，不幸的是，在他 16 岁的时候成了孤儿。他成长期间，法国启蒙运动思想深深地影响着他，曾读过约翰·洛克、卢梭、伏尔泰和孟德斯鸠等哲学家的著作。他非常钦佩拿破仑的才能和勋业，但却对拿破仑称帝这个举动十分反感。他鄙视拿破仑的野心，并引以为戒，所以在他创造了很大的功业之后，面对人民的拥护，决不称帝，终身认为对他最好的称号就是"解放者"，这个称号比任何帝王都高贵。

青年时玻利瓦尔访问过几个欧洲国家。1805 年，在罗马阿旺丁山顶上他立下了著名的誓言："只要祖国一天不从西班牙统治下获得解放，我就要奋斗一天。"1808 年，拿破仑·波拿巴入侵西班牙，任命他的胞弟为西班牙政府首脑。拿破仑通过解除西班牙皇家的政治实权，给南美殖民地获得政治独立提供了良好的时机。

1810 年委内瑞拉的西班牙总督被解职，从此开始了反对西班牙统治委内瑞拉的革命。1811 年做出了正式的独立宣言，同年玻利瓦尔成为革命军的一员将领。然而西班牙军队翌年又控制了委内瑞拉。革命领袖弗朗西斯科·米兰达被投入狱中，玻利瓦尔被迫只好逃往国外。随后的岁月中爆发了一系列的战争，继短暂的胜利而来的是惨痛的失败。但是玻利瓦尔从未动摇过自己的决心。

1819 年出现了转折点，玻利瓦尔率领他的由平民组成的小股军队，跨河流、越平原，穿过安第斯山上陡峭的小路，对哥伦比亚的西班牙军队发起了进攻。在那里他赢得了具有决定意义的波亚卡战役（1819 年 8 月 7 日），这场战役使战争出现了真正的转折点。委内瑞拉于 1821 年获得解放，厄瓜多尔于 1822 年获得解放。与此同时，阿根廷爱国主义者何塞·圣马丁使阿根廷和智利在西班牙的统治下获得了自由，秘鲁获得了解放。

玻利瓦尔和何塞·圣马丁两位救星于 1822 年夏在厄瓜多尔的瓜亚基尔相会。会谈的第二天与第三天，是在绝密的情况下进行的，没有任何第三者参与，只有这两位享誉南美的"南北巨子"。

因此，会谈内容也只有他们两个知道。可是，会谈结束后，玻利瓦尔未作任何透露，以后也未作任何回忆。而圣马丁也同样缄口不言，他的军队全部从南美撤出，去法国隐居。所以，这次秘密会谈在历史上留下了一个永远解不开的谜。据史学家推断是由于圣马丁不愿与野心勃勃的玻利瓦尔进行权力斗争（这样只能对西班牙人有利），于是决定辞去他的军事统帅职务。到 1824 年玻利瓦尔的部队已经解放了今日的秘鲁。

1825 年彻底歼灭了驻守在上秘鲁（今玻利维亚）的西班牙军队。

玻利瓦尔以毕生精力反对西班牙的殖民统治，他领导的南美洲独立战争解放了相当于今天委内瑞拉、哥伦比亚、巴拿马、厄瓜多尔、秘鲁和玻利维亚的 500 万平方公里的领土，对拉丁美洲建立共和制度和促进美洲团结做出了重要贡献。

尽管玻利瓦尔一生中为了自己的国家做出了卓越的贡献，但是在这些功绩面前，他并没有迷失自我，能做到这一点非常不易。在历史上，有太多人面对功绩、面对成就，或是逐渐松懈，或者骄傲自满，他们忘记了自己最初做这一切的动机，沉迷在其中。但是玻利瓦尔却并没有，他知道在国家面前一切个人得失都算不得什么，所以才能将"称王"这种荣誉和权力看得轻如鸿毛，却将民众的一切看得重如泰山。

作为当代的青年人，我们或许没有这样的机会，但是梦想不分大小，在我们圆梦的征途上，也会遇到各种各样的诱惑，只有坚定了心中的信念，才能从内心深处拒绝引诱。或许这种诱惑是名利、是金钱、是美色，但是在信仰面前，这些诱惑都如同过眼烟云，因为信仰自然会为你的内心树起一座坚固的围墙。

不朽的功绩

玻利瓦尔的一生中拥有很多功绩，在世界历史上有重要的意义：

第一，推翻殖民统治。

　　玻利瓦尔出生于委内瑞拉的加拉加斯城的一个克里奥尔人大地主、大资本家家中。在他的家里，除了拥有大片种植园和1000多名奴隶之外，还有金矿、糖厂、房产以及呢绒商店等。与其他地主、资本家一样，他的家庭既是压制人者，又是被压制者。对奴隶，他们压榨、剥削、奴役，凭借他们的财富、地位过着剥削人的生活。而另一方面，他们在政治上、经济上又受到西班牙殖民者的歧视、压制。所以，这些土生地主、资本家迫切希望推翻殖民统治，挣脱殖民枷锁。

　　第二，吸收进步思想。

　　1799至1806年，玻利瓦尔先后在西班牙、法国、意大利等国家留学，吸收了进步的革命思想，如法国资产阶级革命就影响了他以后的生活道路。1804年12月2日，他去巴黎参加了拿破仑的加冕礼，并成为拿破仑的随从官。1806年，玻利瓦尔回到祖国，立刻投身于反抗殖民统治、争取民族独立的斗争中去。

　　第三，成立第三共和国。

　　1818年10月，位于奥里诺科河下游的安哥拉徒城热闹非凡，委内瑞拉第三共和国成立了。此时的玻利瓦尔激动异常，革命爱国军队已今非昔比，黑人、农民、手工业者、城市小资产阶级都极力拥护并积极参与了抗击殖民军的斗争，草原牧民也组成抗敌队伍，与他们并肩作战。这些都让玻利瓦尔信心更强、斗志更坚，他决心率领各阶层人民坚决推翻殖民统治，赢得国家的独立与自由。早在欧洲留学时，他就立下誓言："不打碎西班牙殖民者束缚我的祖国的枷锁，我的心将不安宁。我的手将不倦地打击敌人！"此时此刻，他仿佛已经看到胜利的曙光了。

　　第四，解放哥伦比亚地区。

　　1819年5月，玻利瓦尔率领2000名革命军经过长途跋涉，来到了南美洲西部的安第斯山，目的就是为了突袭新格兰纳达地区的西班牙人并占领这个地区。经过艰苦的等待他们终于发现了敌人，玻利瓦尔没有片刻的犹豫，立刻组织战士们向敌人发动突袭。在他强有力的号召下，革命军战士如猛虎下山，冲向敌人。面对从天而降的革命军，西班牙军队惊慌失措，匆忙拿起武器应战。可还没等他们转过身，就被革命军一枪打死了。不少还不明白发生了什么事的西班牙人转眼之间就成了革命军的俘虏，其中有不少军事指挥官。这次袭击大获全胜，玻利瓦尔乘胜追击，立刻向波哥大进军。波哥大的西班牙守军顽强抵抗，双方展开了艰苦的鏖战。最后，玻利瓦尔终于取得胜利，占领了波哥大，解放了哥伦比亚地区。

第五，解放厄瓜多尔。

委内瑞拉解放后，革命军南下厄瓜多尔，与西班牙军队进行了英勇奋战，又大败殖民军，占领了首府基多城，厄瓜多尔宣布解放。至此，南美洲西北部地区获得了解放。玻利瓦尔明白，是建立更为牢固的革命阵地的时候了，只有这样才能组成更坚强的抗敌部队，于是在 1819 年12 月，新格兰纳达、委内瑞拉、厄瓜多尔共同成立了"大哥伦比亚共和国"，玻利瓦尔被选为总统和最高统帅。不久，革命军又多次出兵，扫清了委内瑞拉和厄瓜多尔境内的殖民军残余势力，南美洲北部地区得到彻底解放。

玻利瓦尔一生参加过大小 472 次战役，为南美洲人民的解放立下了不朽功勋，也为世界人民抗击殖民侵略树立了榜样。

尽管当今社会除了参军，我们参加战斗的机会很少，作为中国和社会的希望，我们青少年的心中要非常清醒，我们热爱和平，却仍然要时刻保持警惕。除此之外，我们始终要保持一颗向往自由的心，当我们进入社会之后就会发现，人生之中还有一样非常宝贵的品性——自由。当然，这里所说的自由并非是身体上的放浪形骸，而是内心的自由和独立。

第五节　个人得失为小，国家危亡为大——圣马丁

何塞·德·圣马丁于 1778 年生于西班牙殖民地拉普拉塔的亚佩尤，是阿根廷将军、南美西班牙殖民地独立战争的领袖之一。年轻时的圣马丁博览群书，读了许多启蒙思想家的著作。后来，圣马丁投身于推翻西

班牙殖民统治的解放斗争。他将南美洲南部从西班牙统治下解放出来，与西蒙·玻利瓦尔一道被誉为美洲的解放者，被视为国家英雄。

秘鲁的"护国公"

1778 年，西班牙殖民地拉普拉塔的亚佩尤境内，圣马丁出生在阿根廷的一个土生白人家庭。圣马丁的父亲曾任亚佩尤的副都督，他本身是一名军官，曾经在西班牙参加过反对拿破仑占领军的战争，不但有丰富的军事指挥经验，而且有远大的理想。圣马丁的父母都是西班牙人，他 6 岁时，就随父母移居马德里。

1785 ~ 1789 年，圣马丁就读于马德里，年轻时的他博览群书，卢梭、伏尔泰、孟德斯鸠、狄德罗、霍尔马赫等启蒙思想家的著作对他的影响很大。1789 年 7 月，进入西班牙穆尔西亚步兵团为士官生。1791 年，随西班牙军队在非洲同摩尔人作战，1798 和 1801 年分别与英军和葡军作战。1808 年以后，在西班牙抗击拿破仑一世侵略的民族战争中，他屡建功勋，被晋升为少校。在加的斯圣马丁经常与留学西班牙的拉丁美洲进步人士交往，并且加入了当地的秘密革命团体"劳塔罗"。1810 年，拉普拉塔发生"五月革命"，开始了独立战争。1812 年初，圣马丁返回祖国投身革命。

1813 年底，他被任命为北方军司令，击退了殖民军的反扑，保卫了独立成果。为了消灭秘鲁总督区的殖民军主力，保证拉普拉塔乃至南美洲整个地区的独立运动取得胜利，圣马丁主张穿越安第斯山，首先解放智利，然后联合智利爱国军从海路去解放秘鲁。为此，他辞去北方军司令职务，于 1814 年任库约省省长，以门多萨城为练兵基地。在接下来的两年多时间里，他精心训练一支约有 5000 人的"安第斯山军"。他采取解放黑奴、与印第安人结成同盟等措施以发动广大群众。在这支军队里，被解放的黑奴占很大比例。

1817 年 1 月，圣马丁和奥希金斯率安第斯军翻越安第斯山，向智利进军。1817 年 2 月 14 日解放圣地亚哥。1818 年 2 月 12 日智利宣告独立。同年 4 月 5 日，在迈普战役中击败西班牙殖民军，巩固了智利的独立。

1820 年圣马丁以智利为基础，组成了一支约 4500 人的"解放秘鲁军"，包括一支拥有 24 艘舰船的智利海军，圣马丁任舰队总司令。8 月，圣马丁率军从海上进军秘鲁，9 月 7 日夜在皮斯科登陆，后又移师瓦乔，直指利马。1821 年 7 月 6 日，西班牙总督率殖民军逃往东部山区，圣马丁解放利马。28 日秘鲁宣告独立，圣马丁被推举为秘鲁"护国公"。

也许我们没有能力，或者没有机会为我们的国家屡立功勋，但是只要我们内心有"报效祖国"的愿望，我们也一定能凭借自己的努力，为我们的国家尽自己的"绵薄之力"。其实，报效祖国并非只是一句空洞的口号，也并非是离我们渐行渐远的愿望，在国家发展的时期，我们做好自己的本职工作就是对国家最大的支持。

功成身退的革命者

由于圣马丁在南美解放运动中建立了不朽的功绩，后来他担任了阿根廷北方军总司令，还享有"南美洲的解放者"、秘鲁、智利、阿根廷三个共和国的"祖国之父"和"自由的奠基人"、"南方的华盛顿"等各种称号。可以说，没有圣马丁就没有南美的解放，就没有南美各共和国的独立和自由！

但是，正当人们以无限钦佩的心情来庆祝圣马丁的胜利时，圣马丁却主动的辞去了阿根廷北方军总司令的职务，要求去一个偏僻的地方——古乐省当省长。在那里，他组织与训练新兵，进军智利。智利解放后，新政府任命他为最高行政长官，他又谢绝了，而他接受的是当时最重的担子——组织阿根廷、智利联合部队，以攻克殖民者的最后阵地——秘鲁。最后，当他取得了赫赫战功，阿根廷人民准备热烈欢迎他时，他却悄悄地躲开了。

关于他急流勇退的原因有各种说法，但最直接的原因是举世闻名的"南北巨子"瓜亚基尔会谈。

1822 年 7 月 25 日，圣马丁来到瓜亚基尔，与南美洲北部的"解放者"、著名的委内瑞拉革命领袖、政治家、军事家、思想家西蒙·玻利瓦尔会谈。但是，这次秘密会谈在历史上留下了一个永远解不开的谜。举世关注的"南北巨子"会谈是不会就这样无声无息地过去的，人们对会谈内容作了各种猜测。从会谈前的气氛看，是和谐、愉快的。圣马丁到达港口时，玻利瓦尔的两位助手去迎接，玻利瓦尔在他要居住的宾馆欢迎他。在人民的欢呼声中，两位巨人紧紧地拥抱到了一起。

但是，会谈结束后，圣马丁神情严肃，默默地走出了大厅。玻利瓦尔则带着一种神秘的表情。当通宵舞会在极度欢乐中进行时，圣马丁却悄无声息地与同行的一位将军不辞而别，返回了秘鲁。

回到秘鲁不久，圣马丁在"第一届国会"上郑重而严肃地宣布辞去国家首脑和军队统帅的职务，决定不再拥有任何权力。并取下了他身上象征权力与最高荣誉的两色绶带，真诚地对议会成员们说："而今桂冠布满了整个南美洲战场，我的头颅却要躲避最后胜利的桂冠！我的心灵从来没有被甜蜜的感情激动过，然而今天却激动了我的心！对一个为人民的自由、民主、幸福而战的斗士来说，胜利的喜悦只能使他更加诚心诚意地成为使人民享有权利的工具……我异常高兴地见到了国会的成立，在这届国会上，我辞去我所拥有的一切最高权力！我今天讲话的目的只有一个，那就是，请所有议员先生都不要投我继续执政的选票！"

所有在场的人都非常吃惊，纷纷劝说圣马丁收回辞呈。但圣马丁意志坚决，从各个方面解释了他辞职的原因。不过，人们隐约感到，最主要的原因仍然是瓜亚基尔会议，可是，关于这点，圣马丁只字未提。

圣马丁骑马悄然无声地离开了利马市，又悄悄地坐船来到智利，随后离开了曾为之奋斗不懈并付出满腔热爱的祖国，远赴欧洲，去迎接他穷困潦倒的晚年！他是功成身退的典型代表，有的欧洲人甚至在他在世时不知道他是一位伟大的革命者！

历史上有多少人有功成身退的勇气？也许纵观历史也屈指可数吧。世人皆对名利、地位过分看重，很少有人将自己的功劳拱手与他人。圣马丁这样做，可见有着宽阔的胸襟和神圣的精神品格。

第六节　种族和肤色划分不了人的等级——林肯

亚伯拉罕·林肯是美国政治家，第 16 任总统（任期：1861 年 3 月～ 1865 年 4 月），也是首位共和党籍总统。在他担任总统期间，美国爆发了内战，史称"南北战争"。林肯击败了南方分离势力，废除了奴隶制度，维护了国家的统一。但就在内战结束后不久，林肯不幸遇刺身亡。他是第一位遭到刺杀的美国总统，更是第一位出身贫寒的伟大总统。2006 年，亚伯拉罕·林肯被美国的权威期刊《大西洋月刊》评为影响美国的 100 位人物第 1 名。

纵观林肯的一生

1809 年 2 月 12 日，林肯出生在肯塔基州哈丁县一个贫苦的家庭。林肯的父亲曾是一个鞋匠，用他自己的话说，他的童年是"一部贫穷的简明编年史"。穷人的孩子早当家，从小他就帮助家里搬柴、提水、干农活等等。他的父母是英国移民的后裔，全家以种田和打猎为生。1816 年，林肯全家迁至印第安纳州的西南部，在林肯 9 岁的时候，他年仅 36 岁的母亲不幸去世了。

一年后，父亲与一位叫萨拉·布什的善良开朗的女人结婚。

继母善良、勤劳，对待丈夫前妻的子女如同己出，对小林肯充满爱心，林肯也敬爱后母，一家人生活得和睦幸福。但是由于家境贫穷，林肯受教育的程度不高。为了维持家计，少年时的林肯当过俄亥俄河上的摆渡工、种植园的工人、店员和木工。

18岁那年，身材高大的林肯被一个船主所雇佣，与人同乘一条平底驳船顺俄亥俄河而下，航行千里到达奥尔良。25岁以前，林肯没有固定的职业，四处谋生。成年后，他成为当地一名土地测绘员，因精通测量和计算，常被人们请去解决地界纠纷。在艰苦的劳作之余，林肯始终是一个热爱读书的青年，他夜读的灯火总要闪烁到很晚很晚。他通读了莎士比亚的全部著作，读了《美国历史》，还读了许多其他的历史和文学书籍。他通过自学使自己成为一个博学而充满智慧的人。在一场政治集会上他第一次发表了政治演说，内容主要是抨击黑奴制，他提出一些有利于公众事业的建议，这次演说让林肯在公众中有了影响，加上他具有杰出的人品，1834年他被选为州议员。这成为他人生的重要的转折点，25岁的林肯开始了自己的政治生涯。与此同时，他也开始管理乡间邮政所，也从事土地测量，并在友人的帮助下钻研法律。两年后，林肯通过自学成为一名律师，不久又成为州议会辉格党领袖。

在积累了州议员的经验之后，1846年，37岁的林肯当选为美国众议员。1847年，林肯作为辉格党的代表，参加了国会议员的竞选，获得了成功，第一次来到首都华盛顿。在此前后，关于奴隶制度的争论成了美国政治生活中的大事，引起了很多民众的关注。在这场争论中，林肯逐渐成为反对黑奴主义者，并且成为这场运动的革命领袖。他认为奴隶制度最终会被消灭，首先应该在首都华盛顿取消奴隶制。然而，他的提议影响到了奴隶主的利益，很快就受到了强烈的阻力，代表南方奴隶主利益的蓄奴主义者则疯狂地反对林肯。

1850年，美国的奴隶主势力大增，林肯退出国会，继续当律师。1860年，林肯成为共和党的总统候选人。11月，选举揭晓——

林肯以 200 万票当选为美国第 16 任总统，但在奴隶主控制的南部 10 个州，他没有得到 1 张选票。

大选揭晓后，南方种植园奴隶主不满选举结果，就制造分裂，发动了叛变，南方 11 个州先后退出联邦，宣布成立"美利坚诸州同盟"，并制订了新的宪法，选举总统。1861 年 4 月，南方叛乱武装首先向北方挑起战争。林肯号召民众为维护联邦统一而战。

内战爆发初期，由于南方种植园主蓄谋叛乱已久，而林肯政府试图妥协、讲和，在战争中节节失利，甚至连首都华盛顿都受到威胁。为了扭转战局，1862 年 5 月，林肯政府颁布了《宅地法》，其中规定，美国公民交付 10 美元即可在西部得到 160 英亩的土地，连续耕种 5 年就可成为土地的主人。9 月，林肯政府又颁布《解放黑奴宣言》，废除了黑奴制，规定叛乱各州的黑奴是自由人。这几条战略性的规定使战争形势瞬间发生扭转。1863 年夏，北方军队转入反攻。1865 年，南方叛军向北方军队投降，持续 4 年之久的内战以北方胜利而告终。

林肯一生的辉煌都是依靠自己的努力得来的，他不是"官二代"，也不是"富二代"，他没有更多的势力和经济条件作为依靠，但是，他的每一分进步和成功都是实实在在靠自己的双手和坚韧不屈的精神得来的。作为当代的青少年，我们也不必为自己的条件不如其他人感到自卑，人和人之间是不存在等级优劣之分的，任何人都可能成功，任何人都有资格被人敬重，关键是看自己的努力程度。

林肯任职总统期间的重要政绩

林肯是一位伟大的总统，他在任期间为美国人民做了很多有利有益的事情，对美国历史影响深远。他的主要政绩有：

第一，维护国家统一。

1860 年，林肯当选为美国总统。这对南方种植园主的利益构成严重威胁，他们当然不愿意一个主张废除奴隶制的人当总统。为了重新夺回他们长期控制的国家领导权，他们在林肯就职之前就发动了叛乱。1860年12月，南方的南卡罗来纳州首先宣布脱离联邦而独立，接着密西西比、佛罗里达等蓄奴州也相继脱离联邦。1861年2月，南方政府宣布成立一个"美利坚邦联"，推举大种植园主杰弗逊·戴维斯为总统，还制定了"宪法"，宣布黑人奴隶制是南方联盟的立国基础："黑人不能和白人平等，黑人奴隶劳动是自然的、正常的状态。"

1861年4月12日，南方联盟不宣而战，迅速攻占了联邦政府军驻守的萨姆特要塞。林肯不得不宣布对南方作战。林肯本人并不主张用过激的方式废除奴隶制，他认为可以用和平的方式，先限制奴隶制，然后逐步废除，而关键是维护联邦的统一。在这种思想的支配下，北方政府根本没有进行战争的准备，只是仓促应战，而南方则是蓄谋已久，有优良的装备和训练有素的军队，所以，尽管北方在多方面都占有优势，还是被南方打得节节败退，连首都华盛顿也险些被叛军攻破。

第二，颁布《宅地法》。

林肯总统于1862年颁布《宅地法》，使公有土地上实际移民者获得土地的法案。应规定，凡身为家长者，或已达21岁的年龄并为合众国公民者，或决定依照合众国入籍法的规定填写志愿入籍声明书，同时从没有持械反抗过合众国政府，支援或教唆合众国的敌人者，应从1863年元月1日起有权登记1/4平方英里或以下尚未分配给私人的公有土地；上述之人可提出一优先购买的申请，申请之时即可以每英亩一美元二角五分或更低的价格优先购买土地；或应在测量之后，按照公有土地法定的再分割办法登记坐落在一块的80英亩或以下的此种尚未分配给私人占有的公有土地，那是每英亩二美元五角；应规定，凡占有土地或居住该地者，根据本法案的规定，可另行登记邻近于其原有土地的土地，连其原来所有的土地及占有土地在内，总数不得超过160英亩。

第三，颁布《解放黑人奴隶宣言》。

宣言规定，凡参加叛乱诸州和地区内"为人占有而做奴隶的人们都应在那时及以后永远获得自由"，"合众国政府，包括陆海军当局，将承认并保障上述人等的自由"。

《宅地法》和《解放黑人奴隶宣言》两个法令的颁布是南北战争的转折点，战场上的形势变得对北方越来越有利了。

1863 年 7 月，双方在华盛顿以北的葛底斯堡展开了内战以来规模最大的一次战斗。双方激战了三天三夜，北军重创南军，使南军损失了 3 万多人，从此北军开始进入反攻，而南军只有防守了。

同年的 7 月 4 日，北军又在维克斯堡大获全胜。维克斯堡位于密西西比河上，是一个高出水面 200 英尺的悬崖，据守悬崖的叛军居高临下，可以用炮火直接威胁河上来往的船只。如果从下面攻打这个要塞非常困难。早在 1862 年末，格兰特就率军在海军的协助下几次攻打这个要塞，但都没成功。1863 年 4 月，格兰特实行了新的进攻计划，先摧毁了要塞周围的各个据点，然后包围了维克斯堡。海军也来助战，从陆地和水上同时进攻，猛烈炮击要塞，震耳欲聋的炮声一直响了 47 天之久。7 月 4 日，困守要塞的叛军弹尽粮绝，被迫投降，北军这一次俘虏叛军近 3 万人。

紧接着，北方军队以秋风扫落叶之势，迅猛追击叛军，1865 年 4 月 3 日攻占了叛军首都里士满。4 月 9 日，叛军总司令罗伯特·李率残部 2.8 万人在阿波马托克斯小村向格兰特投降。历时四年的南北战争以北方的胜利而告终。

南北战争被称为继独立战争之后的美国第二次革命，林肯成为黑人解放的象征。林肯是一位杰出的政治家，他为推动美国社会向前发展做出了巨大贡献，受到美国人民的崇敬，在美国人的心目中，他的威望甚至超过了华盛顿。

第 ▼2 章

兴衰交替, 以史为鉴
——历史英雄的开拓人生

"以史为鉴, 可以知兴替", 历史的车轮不断地向前发展, 面对新的进步和挑战, 我们应该重视"前车之鉴", 作未来的"后事之师"。回望前朝, 他们有的败于内忧, 有的失于外患, 这些惨痛的结果, 都是因为没有一个英明的统治者, 并且没有一个伟大团结的民族而造成的。这些悲痛的历史难道不值得我们引以为戒吗?

第一节 成就桓公霸主业
——管仲

管仲，姬姓，管氏，名夷吾，字仲，谥敬，被称为管子、管夷吾、管敬仲，汉族，颍上（今安徽省颍上县）人，春秋时代齐国的政治家、哲学家、军事家，周穆王的后代。管仲少时丧父，老母在堂，生活贫苦，不得不过早地挑起家庭重担，为维持生计，与鲍叔牙合伙经商；后从军，到齐国，几经曲折，经鲍叔牙力荐，为齐国上卿（即丞相），有"春秋第一相"之誉，辅佐齐桓公成为春秋时期第一霸主，所以又说"管夷吾举于士"。

与齐桓公纵论国策

齐桓公经常同管仲商谈国家大事。一次，齐桓公召见管仲，他开门见山地把想了很久的问题摆了出来："你认为国家可以安定下来吗？"

由于管仲追随齐桓公时间尚短，虽然深知齐桓公的政治抱负，却并没有互相谈论过，于是管仲就直截了当地说："如果你决心称霸诸侯，国家就可以安定富强，如果你要安于现状，国家就不能安定富强。"

齐桓公听后又问："我还不敢说这样的大话，等将来见机行事吧！"

管仲被齐桓公的诚恳所感动，他急忙向齐桓公表示："君王免臣死罪，这是我的万幸。臣能苟且偷生到今天，不为公子纠而死，就是为了富国家强社稷；如果不是这样，那臣就是贪生怕死，一心为升官发财了。"说完，管仲就想告退。齐桓公被管仲的肺腑之言所感动，便极力挽留，并表示决心以霸业为己任，希望管仲为之出力。

后来，齐桓公又问管仲，"我想使国家富强、社稷安定，要从什么地方做起呢？"

管仲回答说："必须先得民心。"

"怎样才能得民心呢？"齐桓公接着问。

管仲回答说："要得民心，应当先从爱惜百姓做起；国君能够爱惜百姓，百姓就自然愿意为国家出力。爱惜百姓就得先使百姓富足，百姓富足而后国家得到治理，那是不言而喻的道理。通常讲安定的国家常富，混乱的国家常贫，就是这个道理。"

这时齐桓公又问："假如百姓已经富足安乐，兵甲不足又该怎么办呢？"

管仲说："兵在精不在多，兵的战斗力要强，士气必须旺盛。士气旺盛，这样的军队还怕训练不好吗？"

齐桓公又问："假如士兵训练好了，如果财力不足，又怎么办呢？"

管仲回答说："要开发山林、开发盐业、铁业，发展渔业，以此增加财源。发展商业，取天下物产，互相交易，从中收税。这样财力自然就增多了。军队的开支难道不就可以解决了吗？"

经过这番讨论，齐桓公心情振奋，就问管仲："兵强、民足、国富，就可以争霸天下了吧？"

但管仲严肃地回答说："不要急，还不可以。争霸天下是件大事，切不可轻举妄动。当前迫切的任务是让百姓休养生息，让国家富强，社会安定，不然很难实现称霸目的。"

由于管仲系统地论述了治国称霸之道，使齐桓公的全部问题都迎刃而解，不久就拜管仲为相，主持政事，为表示对管仲的尊崇，称管仲为"仲父"。

齐桓公把国政分为三个部门，制订三官制度。军队方面，管仲强调寓兵于农，平时务农，战时组成军队，从低级到高级都有领导者管理。

这样把保甲制和军队组织紧密结合在一起，每年春秋以狩猎来训练军队，提高了军队的战斗力。同时又规定全国百姓不准随意迁徙。人们之间团结居住，做到夜间作战，只要听到声音就辨别出谁是敌我；白天作战，只要看见容貌，大家就能认识。为了解决军队的武器，规定犯罪可以用盔甲和武器来赎罪——犯重罪，可用甲与车戟赎罪；犯轻罪，可以用盾与车戟赎罪；犯小罪，可以用铜铁赎罪。这样可补充军队的装备不足。

在经济方面，管仲提出"相地而衰"的土地税收政策，就是根据土地的好坏不同，来征收多少不等的赋税。这样使赋税负担趋于合理，提高了人民的生产积极性。又提倡发展经济，积财通货，设"轻重九府"，观察年景丰歉、人民的需求，来收散粮食和物品。又规定国家铸造钱币，发展渔业、盐业，鼓励与境外的贸易，齐国经济开始繁荣起来。

由于管仲推行改革，齐国出现了民足国富、社会安定的繁荣局面。这时，齐桓公对管仲说："咱们国富民强，可以会盟诸侯了吧？"

管仲很真诚地说道："现在天下诸侯中，比齐国强的有很多，比如南有荆楚，西有秦晋，然而他们自恃强大，不肯尊奉周王，所以不能称霸。虽然周王室已经衰微，但仍是天下共同的国主。自从东迁以来，各路诸侯都不去朝拜，不知道尊重周王。您要是以'尊王攘夷'相号召，海内诸侯必然望风归附于您啊。"

管仲说的"尊王攘夷"，就是尊重周朝王室，承认周天子的共同领袖的地位；联合各诸侯国，共同抵御戎、狄等部族对中原的侵扰。攘夷于外，必须尊王。尊王成为当时一面正义旗帜。

团结自己国家的力量一致对外无疑是最明智的选择，我们不得不佩服管仲的远见卓识。在当今社会，来自世界各地的竞争甚至冲突不断，我们只有自己强大起来，才能对抗外部的"侵犯"，维护我国的利益。

齐鲁之战，助桓公成霸主

公元前 684 年，齐桓公借报收纳公子纠之仇，出兵伐鲁。当时鲁国刚被齐国打败不久，元气尚未恢复，所以当齐兵压境之时，举国上下一片恐慌。恰巧鲁国曹刿出来为鲁庄公出谋献计，在长勺把齐国打败。鲁国胜利后又去侵犯宋国，齐国为了报复长勺之败，又勾结宋国来攻打鲁国。由于鲁庄公采纳大夫公子偃的建议，在秉丘打败宋军。宋军一败，齐军自然也就撤走。

第二年，宋国为了昭雪秉丘之耻，又兴兵攻鲁，鲁庄公发兵抵抗，趁宋兵还没站住阵脚就发动猛攻，结果宋国被打得惨败。宋国连吃败仗，国内又发生内乱。大夫南宫长万杀了新立的郑闵公，不久宋贵族又杀了南宫父子。宋国的内乱，鲁国的战败，使他们的力量大为削弱。

谭国是齐国西邻的小国。齐桓公出奔时曾经过这里，当时谭国君对齐桓公很不礼貌，齐桓公继位，谭国也没派遣使臣祝贺。按照春秋的礼法，像谭国这样失礼，遭到谴责是自然的。齐桓公对此极为不满，因此管仲建议出兵问罪。谭国本来很小，力量十分微弱，怎能经受齐国大兵的进攻？结果很快就被齐国消灭。

齐国没费什么力气消灭了谭国，扩大了国土。公元前 681 年，在管仲的建议下，齐国与宋、陈、蔡、郑等国在齐的北杏会盟，商讨安定宋国之计。遂国也被邀请，但没有参加。管仲为了提高齐国的威望，就出兵把遂国消灭。鲁国本来比较强大，但因接连被齐国打败，又看到诸侯国都服从齐国，不服从齐国的遂、谭两国又被消灭，所以也屈服了齐国。

不久，齐国与鲁国和好，在柯会盟。这次会盟很隆重，会场布置得很庄严。修筑高坛，两边大旗招展，甲士列士，十分威武。齐桓公和管仲正坐坛上，就在这次会盟中，发生了著名的曹沫劫盟事件。会盟规定，只许鲁君一人登坛，其余随员在坛下等候。当鲁庄公与卫士曹沫来到会场，将要升阶入坛时，会盟傧相告诉他，不准曹沫升坛。曹沫戴盔披甲，手提短剑紧跟鲁庄公身后，对侯相瞪大圆眼，怒目而视，眼角几乎都要瞪裂了，吓得侯相后退几步，鲁庄公与曹沫就顺阶入坛。

鲁庄公与齐桓公经过谈判，然后准备歃血为盟，正在这时，曹沫突然拔剑而起，谁都知道这是在用武力威胁齐桓公，齐桓公见形势不妙，马上答应归还占领的鲁国土地。这时曹沫才收了剑慢慢地回到位置上。会盟结束后，鲁国君臣胜利回国。齐桓公君臣却愤愤不平，许多人都想毁约，齐桓公也有这种想法。管仲不同意毁约，劝说齐桓公："毁约不行，贪图眼前小利，求得一时痛快，后果是失信于诸侯，失信于天下。权衡利害，不如守约，归还占领的鲁国国土为好。"齐桓公听取了管仲的意见。

不久宋国叛齐，次年齐桓公邀请陈、曹出兵伐宋，又向周王室请求派兵伐宋。周王室派大臣单伯带领王师与三国军队共同伐宋，结果宋国屈服了。

这时，鲁、宋、陈、蔡、卫都先后屈服齐国，谭、遂两国早已消灭，只有郑国还在内乱。管仲因此建议齐桓公出面调解郑国内乱，以此来提高齐国的地位，加速实现做霸主的目的。郑国自厉公回国杀了子仪，又杀了恩人傅瑕，逼死大夫原繁，登位称君后，为巩固君位，就要联合齐国。管仲抓住这一时机，建议齐桓公联合宋、卫、郑三国，又邀请周王室参加，于公元前680年在今山东鄄城会盟。

第二年齐桓公又以自己名义召集宋、陈、卫、郑又在鄄会盟。这次会盟开得很成功，取得圆满成果。从此齐桓公已成为公认的霸主。公元前667年冬，齐桓公见郑国已屈服于齐国，就召集鲁、宋、陈、卫、郑、许、滑、滕等国君，又在宋国的幽会盟。周惠王也派召伯参加。这是一次空前盛会，几乎全部中原国家都参加了这次会盟。在这次盟会上，周天子的代表召伯又以天子的名义向齐桓公授予侯伯的头衔。从此齐桓公便成了名副其实的霸主。

孔子曾称赞管仲："微管仲，吾其被发左衽矣。"（《论语·宪问篇》）意思是：管仲辅助齐桓公做诸侯霸主，一匡天下。要是没有管仲，我们都会披散头发，左开衣襟，成为蛮人统治下的老百姓了。这话是有一定道理的。

管仲的一生，不仅建立了彪炳史册的功勋，还给后世留下了一部以他名字命名的巨著——《管子》。书中记录了他的治国思想，对后世影响深远。

管仲是位思想家，他主张法治。全国上下不论贵贱都要守法，赏罚功过都要依法办事。他认为国家治理的好与坏，根本在于能否依法办事。管仲非常重视发展经济，他认为"仓廪实而知礼节，衣食足而知荣辱"。也就是国家的安定与不安定，人民的守法与不守法，与经济发展关系十分密切。管仲思想中有不少可贵的地方，如他主张尊重民意，他说"顺民心为本"，"政之兴，在顺民心；政之所废，在逆民心"。管仲的思想对后世影响很大。

第二节　智者作法，愚者制焉
——商鞅

商鞅，战国时代政治家、改革家、思想家，法家代表人物，卫国（今河南省安阳市内黄县梁庄镇）人，卫国国君的后裔，姬姓公孙氏，故又称卫鞅、公孙鞅。后因在河西之战中立功获封商于十五邑，号为商君，故称之为商鞅。

良禽择木而栖——投奔秦国

公元前362年，秦孝公继位。当时黄河和崤山以东的战国六雄已经形成，诸侯间用武力相互征伐吞并。秦国地处偏僻的雍州，不参加中原各国诸侯的盟会，被诸侯们疏远，像夷狄一样对待。

秦孝公继位后以恢复秦穆公时期的霸业为己任，便在秦国境内颁布了著名的求贤令，命国人、大臣献富国强兵之策。

商鞅听说秦孝公在国内发布求贤令，便携带李悝的《法经》投奔秦国，通过秦孝公的宠臣景监见孝公。商鞅第一次用帝道游说秦孝公，孝公听后直打瞌睡并通过景监指责商鞅是个狂妄之徒，不可任用。五日后，商鞅再次会见秦孝公，用王道之术游说，孝公不能接受并再次通过景监责备商鞅。商鞅第三次会见秦孝公时用霸道之术游说，获得孝公的肯定但没有被采用，但商鞅此时已领会孝公心中的意图。最后商鞅见孝公时畅谈富国强兵之策，孝公听时十分入迷，膝盖不知不觉向商鞅挪动，二人畅谈数日毫无倦意。景监不得其解，向商鞅询问缘由。商鞅说秦孝公意在争霸天下，所以对耗时太长才能取得成效的帝道、王道学说不感兴趣。

通过这个小故事，我们不难看出商鞅是一个善于察言观色并且十分聪明的人，他知道对方想要的和厌恶的是什么，并且能够投其所好，这样来给自己找一个容身之所，挣一个好的前程。当然，在现实生活中，我们并不一定要看着老师或者其他人的脸色办事，不过重要的还是要理解别人，说话要懂得分寸，知道什么话该说什么话不该说，这也是人际交往中非常重要的一条原则。

明智变法

公元前359年，秦孝公打算在秦国国内进行变法，又害怕国人议论纷纷，所以犹豫不决。秦孝公召开朝会命大臣们商量这件事。

旧贵族的代表甘龙、杜挚首先站出来反对变法。他们认为变法并不会给国家带来太大的利益，类似这样的小功绩不值得改变国家的制度、法度，因此坚持要遵循古代的法度和礼数。

商鞅却针锋相对地指出："以前的各个朝代教化各有不同，要遵循哪个'古代'？之前的改朝换代频繁，帝王也是换了又换，有什么礼可循呢？正所谓'治世不一道，便国不法古'，像周武王，他因为不因循古代的制度所以国家兴盛，但是夏桀亡国却是因为不改变不合时宜的礼法而灭亡的。可见不因循古人的做法未必是错的，因循古人的礼教未必就是对的。"于是商鞅竭力主张因时制宜，根据国家的具体情况实行新的法度。

这就以历史进化的思想驳斥了旧贵族所谓"法古"、"循礼"的复古主张，为实行变法作了充分的舆论准备。

商鞅的变法步伐首先是颁布《垦草令》。

变法之争结束后，秦孝公于公元前359年下令实施变法，于是商鞅在秦国国内颁布《垦草令》，作为全面变法的序幕。其主要内容有：刺激农业生产、抑制商业发展、重塑社会价值观，提高农业的社会认知度，削弱贵族、官吏的特权，让国内贵族加入到农业生产中，实行统一的税租制度等改革方略。

《垦草令》在秦国成功实施后，公元前356年，秦孝公任命商鞅为左庶长，在秦国国内实行第一次变法。其主要内容有：改革户籍制度实行什伍连坐法，明令军法奖励军功，废除世卿世禄制度，建立二十等爵制，严惩私斗，奖励耕织重农抑商，改法为律制定秦律，推行小家庭制等改革方略。

由于咸阳（今陕西省咸阳市东北）位于关中平原中部，北依高原，南临渭河，顺渭河而下可直入黄河，终南山与渭河之间可直通函谷关。为便于向函谷关以东发展，秦孝公于公元前350年命商鞅征调士卒，按照鲁国、卫国的国都规模修筑宫廷，营造新都，并于次年将国都从栎阳迁至咸阳，同时命商鞅在秦国国内进行第二次变法。其主要内容有：开阡陌封疆，废井田，制辕田，允许土地私有及买卖，推行县制，初为赋，统一度量衡，燔诗书而明法令，塞私门之请，禁游宦之民，执行分户令，禁止百姓父子兄弟同居一室等改革方略。

也许当时商鞅提议的一些政令于我们现在没有太大影响，但是对于当时社会的统一可是有着巨大的意义。不过，商鞅的想法告诉我们，凡事不必只想着依循旧的礼法制度，我们也要有创新精神，学会改变、变通，我们自身以及我们的社会才能够进步。

著名战役

商鞅不仅是一个谋士，更是一位难得的将才。他参加以及主导了众多著名的战役，从中可见他的军事才能。

河西之战

收复河西失地、恢复秦穆公时期的霸业是秦献公、秦孝公两代国君的愿望。秦孝公继位后，更是将收复河西失地作为国家的首要任务之一。公元前 354 年，赵国进攻魏国的盟国卫国，夺取了漆及富丘两地（均在今河南省长垣县），此举招致了魏国的干涉。魏国派兵包围赵国首都邯郸（今河北省邯郸市）。秦孝公则趁魏军主力出击之机，派军队偷袭魏国，进攻魏河西长城重要据点元里（今陕西省澄城县南），大败魏军，歼灭守军七千人并占领少梁（今陕西省韩城市西南）。此战为秦孝公时期收复失地的序幕，商鞅作为收复河西失地的主将，在战争中显示了他的军事及外交才能。

安邑固阳之战

公元前 353 年，赵成侯派使者向齐国求援，齐威王派兵分两路救援赵国，一路齐军与宋国景善支、卫国公孙仓所率部队会合，围攻魏国的襄陵（今河南省睢县）。同年，魏军主力攻破赵国首都邯郸，但在桂陵之战被另一路由田忌、孙膑所率领的齐国军队击败。楚宣王也派大将景舍率兵救援赵国，夺取了魏国睢水、濊水之间的土地。秦孝公趁魏国国内空虚之机，于公元前 352 年任命商鞅为大良造，率兵长驱直入，包围魏国并占领魏国旧都安邑（今山西省夏县西北）。魏惠王急忙派军队在上郡要地固阳（即定阳，今陕西省延安市东）以东修建崤山长城（东南起崤山，西北至黄河）来阻止秦军的进攻。公元前 351 年，商鞅又率兵包围并占领固阳。

西鄙之战

公元前 341 年，秦国联合齐、赵两国攻打魏国。同年九月，秦孝公派商鞅进攻魏河东，魏派公子卬迎战。两军对峙时，商鞅派使者送信给公子印，说："我当初与公子相处的很快乐，如今你我成了敌对两国的将领，不忍心相互攻击，我可以与公子当面相见，订立盟约，痛痛快快地喝几杯然后各自撤兵，让秦魏两国相安无事。"公子印赴会时被商鞅埋伏的甲士俘虏，商鞅趁机攻击魏军，魏军大败。魏惠王被迫割让河西部分土地求和，此时魏惠王说："寡人真后悔没有听公叔痤的话。"商鞅因战功获封于商十五邑，号为商君。

第三节　君子不学，不成其德
——董仲舒

董仲舒，西汉思想家，儒学家，西汉时期著名的唯心主义哲学家和今文经学大师。汉景帝时任博士，讲授《公羊春秋》。他把儒家的伦理思想概括为"三纲五常"，汉武帝采纳了董仲舒的建议，从此儒学开始成为官方哲学。其教育思想和"大一统"、"天人感应"理论，为后世封建统治者提供了统治的理论基础。时至今日，仍有学者在研究他的思想体系及故里等方面的文化，他的著作汇集于《春秋繁露》一书。

三年不窥园

董仲舒为学异常勤奋，数十年如一日，可以说是是中国历史上第一个"两耳不闻窗外事，一心只读圣贤书"的纯儒！他游心于六艺，陶醉于胜境，对当时社会时尚、生活享受都漠不关心。

一代儒学大师董仲舒自幼天资聪颖，少年时酷爱学习，读起书来常常忘记吃饭和睡觉。其父董太公看在眼里急在心上，为了让孩子能歇歇，他决定在宅后修筑一个花园，让孩子能有机会到花园散散心歇歇脑子。

第一年,董太公一边派人到南方学习,看人家的花园是怎样建的,一边准备砖瓦木料。头一年动工,园里阳光明媚、绿草如茵、鸟语花香、蜂飞蝶舞。姐姐多次邀请董仲舒到园中玩,他手捧竹简,只是摇头。然后他继续看竹简,学孔子的《春秋》,背《诗经》。

第二年,小花园建起了假山。邻居、亲戚的孩子纷纷爬到假山上玩。小伙伴们叫他,他动也不动低着头,在竹简上刻写诗文,头都顾不上抬一抬。

第三年,后花园建成了。亲戚朋友携儿带女前来观看,都夸董家花园建得精致。父母叫仲舒去玩,他只是点点头,仍埋头学习。中秋节晚上,董仲舒全家在花园中边吃月饼边赏月,可就是不见董仲舒的踪影。原来董仲舒趁家人赏月之机,又找先生研讨诗文去了。

随着年龄的增长,董仲舒的求知欲愈见强烈,遍读了儒家、道家、阴阳家、法家等各家书籍,终于成为令人敬仰的儒学大师。

可见董仲舒的学习态度是十分专注和刻苦的。知识能够塑造一个人的性格,而学习恰恰能够使人获得更多的知识,可见学习尤为重要。

有很多同学会说学习苦、累,或者说我学不会也考不好,这两种说法都是错误的。虽然我们无法否认学习之苦、学习之累,但甘受学习的苦才能享受学习的甜。在校园里,我们快乐地成长,为理想而奋斗。遨游学海,跋涉书山,知识上的满足给我们快乐。同时学习知识能使思想境界不断开阔,心灵也会不断得到净化。

爱因斯坦曾说:千万不要把学习当成一个任务,而应该看成一个令人羡慕的机会。是的,只要我们不辞劳苦,敢于面对学习中的困难,你会发现,学习中自有情趣,更有快乐。

其实,每个人都不能绝对地说自己有多聪明多厉害,也没有人会认为自己是不聪明的,任何一个人的成功都是通过自己的努力学习获得的。就像董仲舒专心致志、脚踏实地一样,只要我们青少年能够塌下心来好好学习,也必然会做出令自己和别人骄傲的成绩。

董仲舒思想形成

董仲舒少治《春秋》，曾为景帝时博士，但他没有像贾谊等人那样在时机尚不成熟的条件下便公开反对"无动为大"的道家黄老之学，而是以"三年不窥园"的精神潜心研究儒道等各家学说，以充分的理论准备，等待着儒学独尊时代的到来。公元前140年信奉黄老之学的汉景帝驾崩了，太子刘彻继承了皇位，是为汉武帝。

汉武帝是我国历史上一位具有雄才大略的皇帝，他在汉初七十年积聚起来的雄厚物质实力的基础上，再也不愿像其父、祖两代那样恭俭无为了。他想干一番轰轰烈烈的事业，首先他要把大权独揽于自己手中，要树立作为皇帝的最高权威，同时他还试图消除郡国力量过于强大这个内患和匈奴侵边这个外患，想要建立"大一统"的汉帝国。因此，汉初以来长盛不衰的道家"无为"学说便成了武帝"有为"政治的障碍，而汉初以来以鼓吹君权至高无上为己任的儒家则受到了武帝公开的支持。

据史料记载，武帝刚即位不久，便表示乡儒术，招贤良，赵绾、王臧等以文学为公卿，欲议古立明堂城南，以朝诸侯，草巡狩封禅改历服色事，但由于当时窦太后治黄老言，不好儒术，使人征得赵绾等奸利事，召案绾、臧，绾、臧自杀，诸所兴为者皆废。公元前135年，道家黄老的最大支持者——窦太后终于命赴黄泉，武帝在政治上失去了掣肘的人，于是他便一改汉初以来"黄老"治国的传统，开始大批地起用文学儒者，并以行政干预的手段罢黜了黄老刑名百家之名。

到这时，儒家在皇权的支持下，已取代道家而获得了政治上的优势。汉武帝虽然为了自己的多欲、有为政治的需要，极力扶植儒家而打击道家，但是他对于汉初以来的儒家人物并不满意，因为他们虽然鼓吹皇权至高无上，但并没有建构起一个可与道家相抗衡的以维护专制主义中央集权为核心内容的博大精深的思想体系，并没有对君权神授进行强有力的形而上的论证。而且尤其重要的是，汉武帝虽然想用儒家治国，但他对儒家却没有足够的信心。相反，道家学说作为一种曾经为汉初政治稳定、经济繁荣做出过重大贡献的成熟的理论形态又使武帝无法摆脱它的影响，因此汉武帝在思想上产生了许多迷惑。

汉武帝虽然倾向于儒家有为，但又觉得道家的无为有可取之处；虽然赞同儒家的铺张扬厉，但又摆脱不了道家质朴恭俭的束缚；虽然景仰于成、康之刑措，但又觉得治国不能没有刑罚。也就是说，尽管汉武帝为了其专制主义中央集权政治的需要而尊儒黜道，但他又认为儒家现有的理论学说尚太不完备；尽管汉武帝很想冲破传统的道家政治的束缚而开创一个新的局面，但又认为道家黄老之学无论是其思想体系的建构还是具体的政治主张，皆有许多比儒家成功、高明的地方。因此，他迫切需要的是一种以儒家思想为中心而又全面吸收道家思想的长处并能超过道家的全新的儒学思想体系。

为了改变这个矛盾点和现状，公元前134年，汉武帝诏贤良进行对策。这时，一代大儒董仲舒粉墨登场。他以其滔滔不绝的口才和充足的理论准备，借助于可以自由阐发的春秋公羊学，投武帝之所好，公开援道入儒，终于在融合儒道，用道家和阴阳家的思想资料充实、发挥儒家义理的基础上，建构了一个让武帝心醉的既有儒家的三纲五常又有道家的天地、阴阳、四时，既有儒家的改正朔、易服色的"有为"，又有道家的以无为为道，以不私为宝的"无为"的崭新的儒学思想体系。

面对这样一种儒学，汉武帝满意了。既然道家黄老之学的精髓已变成了董氏儒学的血肉，那么黄老之学到了这个时候不仅丧失了政治上的优势，而且其理论上的优势也已经丧失了，因此黄老之学只能走向衰落了。而在道家思想基础上建构起来的儒学则凭借其政治、学术上的双重优势取代道家获得了独尊。

董仲舒的思想，是西汉皇朝总结历史经验，经历了几十年的选择而定下来的官方哲学，对巩固其统治秩序与维护大一统的局面起了积极的作用。

第四节　读书谓已多，抚事知不足
——王安石

王安石，字介甫，号半山。封为舒国公，后又改封荆国公。世人又称"王荆公"。汉族，北宋临川盐阜岭人（今江西省抚州市临川区邓家巷），中国历史上杰出的政治家、思想家、文学家、改革家，唐宋八大家之一。欧阳修称赞王安石："翰林风月三千首，吏部文章二百年。老去自怜心尚在，后来谁与子争先。"

规模宏大的改革运动

1067年宋神宗继位，起用王安石为江宁知府，很快便诏为翰林学士兼侍讲。为了摆脱宋王朝所面临的政治、经济危机以及辽、西夏不断侵扰的困境，1068年神宗召王安石"越次入对"，王安石即上书主张变法。第二年他任参知政事，主持变法。为指导变法的实施，设立制置三司条例司，并且物色了一批拥护变法的官员参与制订新法。

1070年王安石任同中书门下平章事，位同宰相，在全国范围内推行新法，开始大规模的改革变法运动。所行新法在财政方面有均输法、青苗法、市易法、免役法、方田均税法、农田水利法；在军事方面有置将法、保甲法、保马法等。同时，改革科举制度，为推行新法培育人才。这些措施在一定程度上限制了大地主和豪商对农民的压迫，促进了农田水利事业的发展，国家财政状况有所改善，军事力量也得到加强。

王安石大胆地提出了"天变不足畏、祖宗不足法、人言不足恤"的振聋发聩的政治思想，他积极倡导和推行政治、经济、军事、文化变革。王安石两度为相，发动和领导了举世闻名的"熙宁变法"运动。这场变法，以发展生产，富国强兵，挽救宋朝政治危机，以"理财"、"整军"为中心，涉及社会、经济、政治、军事、文化各个方面，是中国古代史上继商鞅变法之后又一次规模巨大、威武雄壮的社会变革运动。

然而，改革变法触及官僚、大地主的利益，遭到保守派的激烈反对，再加上在实施过程中一些官吏借机敲诈盘剥，王安石处于"众疑群谤"之中。宋神宗迫于皇亲贵戚和反对新法大臣的压力，于 1074 年四月接受王安石辞去相位，再任江宁知府。次年虽又起用为相，但因新法派内部分裂及保守派的挑拨离间，至熙宁九年十月再次罢相，出任江南签判，次年隐退江宁，过着闲居生活。

王安石执政敢作敢为，矢志改革，王安石把"新故相除"看作是自然界发展变化的规律，以"天变不足畏、祖宗不足法、人言不足恤"的大无畏精神推动改革变法。这些进步思想在他的文学作品中也闪烁着夺目的光彩。

王安石的政治生涯

公元 1042 年，王安石以进士第四名及第，历任签书淮南节度判官厅公事、知鄞县事、舒州通判，旋又外调提点江南东路刑狱公事、江宁知府。多年的地方官经历，王安石认为宋朝所面临的危局是"内则不能无以社稷为忧，外则不能无惧于夷狄"。因此，王安石在 1058 年上宋仁宗赵祯的万言书中，要求对宋初以来的法度进行全盘改革，革除宋朝存在的积弊。

以历史上晋武帝司马炎、唐玄宗李隆基等人只图"逸豫"，不求改革，终于覆灭的事实为例，王安石大声疾呼："以古准今，则天下安危治乱尚可以有为，有为之时莫急于今日"，要求立即实现对法度的变革；

不然，汉亡于黄巾，唐亡于黄巢的历史必将重演，宋王朝也必将走上覆灭的道路，宋朝一批士大夫期待王安石能早日登台执政。

1069 年，王安石出任参知政事，第二年，又升任宰相，开始大力推行改革，以博学善文见称的福建浦城才子章悦为谋士，以曾布、邓润甫、章惇、章衡、章楶、蔡确、吕惠卿等为变法派的中坚力量。

王安石变法的目的在于富国强兵，借以扭转北宋积贫积弱的局势。王安石阐释了政事和理财的关系，"今所以未举事者，凡以财不足故，故臣以理财为方今先急"，"政事所以理财，理财乃所谓义也"。更重要的是，王安石在执政前就认为，只有在发展生产的基础上，才能解决好国家财政问题："因天下之力以生天下之财，取天下之财以供天下之费。"执政以后，王安石继续坚持他的这一见解，"今所以未举事者，凡以财不足故，故臣以理财为方今先急"，而"理财以农事为急，农以去其疾苦、抑兼并、便趋农为急"。

在这次改革中，王安石把发展生产作为当务之急而摆在头等重要的位置上。王安石认为，要发展生产，首先是"去（劳动者）疾苦、抑兼并、便趣农"，把劳动者的积极性调动起来，收成好坏就决定于人而不决定于天。要达到这一目的，政府需制定相应的政策，在全国范围内进行从上到下的改革。在王安石上述思想的指导下，变法派制订和实施了诸如农田水利、青苗、免役、均输、市易、免行钱、矿税抽分制等一系列的新法，王安石亲自撰写《周礼义》、《书义》、《诗义》，即《三经新义》，也称"荆公新学"，为学校教育改革提供了新教材。

虽然王安石变法的目的是为了救国，然而变法触犯了保守派的利益，遭到保守派的反对。因此，王安石在 1074 年第一次罢相。特别是由于变法的设计者王安石与变法的最高主持者宋神宗在如何变法的问题上产生分歧，王安石复相后得不到更多支持。加上变法派内部分裂、其子王雱的病故，王安石于 1076 年第二次辞去宰相职务，从此闲居江宁府。1086 年，保守派得势，此前的新法都被废除。当王安石听到免役法也被废除时，不禁悲愤地说："连这个都被罢黜了吗！"不久便郁然病逝。

第五节 无求生以害仁
——苏武

苏武，字子卿，汉族，杜陵（今陕西西安东南）人，中国西汉大臣，武帝时为郎。天汉元年（前100年）奉命以中郎将持节出使匈奴，被扣留。匈奴贵族多次威胁利诱，欲使其投降；后将他迁到北海（今贝加尔湖）边牧羊，扬言要公羊生子方可释放他回国。苏武历尽艰辛，留居匈奴19年持节不屈。至始元六年（前81年），方获释回汉。苏武去世后，汉宣帝将其列为麒麟阁十一功臣之一，彰显其节操。

不慕荣利，舍身成仁

苏武年轻时凭着父亲的职位，做了皇帝的侍从，并逐渐被提升为掌管皇帝鞍马鹰犬射猎工具的官。当时汉朝廷不断讨伐匈奴，多次互派使节彼此暗中侦察。匈奴扣留了汉使节郭吉、路充国等前后十余批人。匈奴使节前来，汉朝廷也扣留他们以相抵。

公元前100年，且鞮单于刚刚即位，唯恐受到汉的袭击，于是说："汉皇帝，是我的长辈。"姿态谦卑，并且全部送还了汉廷使节路充国等人。汉武帝赞许他这种通晓情理的做法，于是派遣苏武以中郎将的身份出使，持旄节护送扣留在汉的匈奴使者回国，顺便送给单于丰厚的礼物，以答谢他的好意。苏武同副中郎将张胜以及临时委派的使臣属官常惠等，加上招募来的士卒、侦察人员百多人一同前往。到了匈奴那里，摆列财物赠给单于。然而，这时的单于却十分傲慢，不是汉所期望的那样。

单于正要派使者护送苏武等人归汉，适逢缑王与长水人虞常等人在匈奴内部谋反。缑王是昆邪王姐姐的儿子，与昆邪王一起降汉，后来又跟随浞野侯赵破奴重新陷胡地，在卫律统率的那些投降者中，暗中共同策划绑架单于的母亲和阏氏归汉。正好碰上苏武等人到匈奴。虞常在汉的时候，一向与副使张胜有交往，私下拜访张胜，说："听说汉天子很怨恨卫律，我虞常能为汉廷埋伏弩弓将他射死。我的母亲与弟弟都在汉，希望受到汉廷的照顾。"张胜许诺了他，把财物送给了虞常。

一个多月后，单于外出打猎，只有阏氏和单于的子弟在家。虞常等70余人将要起事，其中一人夜晚逃走，把他们的计划报告了阏氏及其子弟。单于子弟发兵与他们交战，缑王等都战死；虞常被活捉。单于派卫律审处这一案件。张胜听到这个消息，担心他和虞常私下所说的那些话被揭发，便把事情经过告诉了苏武。苏武说："事情到了如此地步，这样一定会牵连到我们。受到侮辱才去死，更对不起国家，使国家蒙羞！"因此想自杀。张胜、常惠一起制止了他。

虞常果然供出了张胜。单于大怒，召集许多贵族前来商议，想杀掉汉使者。左伊秩訾说："假如是谋杀单于，又用什么更严的刑法呢？应当都叫他们投降。"单于派卫律召唤苏武来受审讯。苏武对常惠说："丧失气节、玷辱使命，即使活着，还有什么脸面回到汉廷去呢！"说着拔出佩带的刀刺向胸腹。卫律大吃一惊，自己抱住、扶好苏武，派人骑快马去找医生。医生在地上挖一个坑，在坑中点燃微火，然后把苏武脸朝下放在坑上，轻轻地敲打他的背部，让瘀血流出来。苏武本来已经断了气，这样过了好半天才重新呼吸。常惠等人哭泣着，用车子把苏武拉回营帐。单于钦佩苏武的节操，早晚派人探望、询问苏武，而把张胜逮捕监禁起来。

苏武的伤势逐渐好了。单于派使者通知苏武，一起来审处虞常，想借这个机会使苏武投降。但是无论匈奴软硬兼施、威逼利诱，苏武就是不肯投降。后来单于就把苏武迁移到北海边没有人的地方，让他放牧公羊，说等到公羊生了小羊才得归汉。同时把他的部下及其随从人员常惠等分别安置到别的地方。

苏武迁移到北海后，粮食运不到，只能掘取野鼠所储藏的野生果实来吃。他拄着汉廷的符节牧羊，睡觉、起来都拿着，以致系在节上的牦牛尾毛全部脱尽。一共过了五六年，单于的弟弟於靬王到北海打猎。苏武会编结打猎的网、矫正弓弩，於靬王颇器重他，供给他衣服、食品。三年过后，於靬王得病，赐给苏武马匹和牲畜、盛酒酪的瓦器、圆顶的毡帐篷。王死后，他的部下也都迁离。这年冬天，丁令人盗去了苏武的牛羊，苏武又陷入了穷困。

在贝加尔湖，苏武牧羊长达 19 年之久。十几年来，当初下了命令囚禁他的匈奴单于已去世了，就是在大汉朝，汉武帝也死了，汉武帝的儿子继任皇位，就是汉昭帝。这时候，新单于执行与汉朝和好的政策，汉昭帝立即派使臣把苏武接回国。

苏武是忠诚的。首先他忠诚的对象是国家是人民。身为汉使，当卷入匈奴的政变时，他首先想到的是自己的汉使身份，不能引起汉匈不必要的误会和纷争，他甚至愿意以性命来平息祸端，可见他是把边界的和平、国家的利益放在第一位的。同时他保持民族气节 19 年，始终忠贞如一，这种忠诚表面看起来是对汉武帝，但实际上是对国家人民的，因为汉武帝是一个善于治国的明君，忠诚于他就是忠诚于汉武帝治理下的国家。

他坚忍，故能在单于的威胁利诱下不为所动；他忠贞，故能在北海 19 年杖汉节牧羊。19 年的艰难困苦，虽损坏了他强壮的身体，却丝毫不能撼动他坚定的信念。他用 19 年的风霜雨雪，表明了对信念的坚守。

苏武被拘禁期间虽然受了很多的困难与屈辱，但是他气节不改，仍然以国家的荣辱利益为重，甚至不惜舍生取义，杀身成仁，他的高尚气节无疑是值得后世学习的。

老骥伏枥得敬重

苏武于公元前 81 年春回到长安。汉昭帝下令叫苏武带一份祭品去拜谒武帝的陵墓和祠庙。任命苏武做典属国，俸禄二千石；赐钱二百万，官田二顷，住宅一处。

苏武归汉第二年，上官桀、子安与桑弘羊及燕王谋反，苏武的儿子苏元因参与上官安的阴谋，而被处死。起初，上官桀、上官安与大将军霍光争权，上官桀父子屡次把霍光的过失记下交给燕王，使燕王上书给皇帝，告发霍光。又说苏武出使匈奴二十年，誓死不投降，回到汉廷后，才只做了个典属国。而大将军属下的长史官并无功劳，却被提升为搜粟都尉，霍光专权放肆。等到燕王等人谋反被杀，追查处治同谋的人，苏武一向与上官桀、桑弘羊有旧交，燕王又因苏武功高而官小数次上书，替他抱不平，他的儿子又参与了谋反，主管刑狱的官员上书请求逮捕苏武。霍光把刑狱官的奏章搁置起来，只免去了苏武的官职。

过了几年，昭帝死了。苏武以从前任二千石官的身份，参与了谋立汉宣帝的计划，赐封爵位关内侯，食邑三百户。过了很久，卫将军张安世推荐说苏武通达熟悉朝章典故，出使不辱君命，昭帝遗言曾讲到苏武的这两点长处。宣帝召来苏武在宦者令的衙门听候宣召。多次觐见，又做了右曹典属国。因苏武是节操显著的老臣，只令他每月的初一和十五两日入朝，尊称他为德高望重的"祭酒"，非常优宠他。苏武把所得的赏赐，全部施送给弟弟苏贤和过去的邻里朋友，自己家中不留一点财物。皇后的父亲平恩侯、宣帝的舅舅平昌侯和乐昌侯、车骑将军韩增、丞相魏相、御史大夫邴吉，都很敬重苏武。

苏武年老了，他的儿子以前被处死，皇帝怜悯他。问左右的人："苏武在匈奴很久，有儿子吗？"苏武通过平恩侯向宣帝陈述："以前在匈奴发配时，娶的匈奴妇人正好生了一个儿子，名字叫苏通国，有消息传来，想通过汉使者送去金银、丝绸，把男孩赎回来。"皇帝答应了。后来通过随汉使者回到了汉朝，皇帝让他做了郎官。又让苏武弟弟的儿子做了右曹。

苏武活到八十多岁，公元前60年病亡。

应当说，苏武出使匈奴的故事在古今中外的外交史上都是一个奇迹，而苏武忠于祖国，忠于职守，不为富贵淫，不为贫贱移的高贵品质更是令人敬仰。苏武铭记民族精神、国家大义，忠于国家和臣民，可谓是爱国情操、赤子之心。

苏武的一生虽然困苦但不得不说是值得敬重的。他高尚的道德情操、伟大的民族气节值得青少年学习。

第六节　天下兴亡为己任
——顾炎武

顾炎武，汉族，明朝南直隶苏州府昆山（今江苏省昆山市）人，著名的思想家、史学家、语言学家，与黄宗羲、王夫之并称为明末清初三大儒。顾炎武本名绛，字忠清；因为仰慕文天祥学生王炎午的为人，所以改名炎武，字宁人，亦自署蒋山佣，学者尊为亭林先生。明季诸生，青年时发愤为经世致用之学，并参加昆山抗清义军，败后漫游南北，曾十谒明陵，晚岁卒于曲沃。

顾炎武学问渊博，于国家典制、郡邑掌故、天文仪象、河漕、兵农及经史百家、音韵训诂之学都有研究。晚年治经重考证，开清代朴学风气。其学以博学于文，行己有耻为主，合学与行、治学与经世为一。他的诗多伤时感事之作，也体现了他忧国忧民的伟大情怀。

南明抗清

清兵入关后，顾炎武暂居语濂经，由昆山县令杨永言之荐，投入南明朝廷，任兵部司务。"须知六军出，一扫定神州"，顾炎武把复仇的希望寄托在弘光小朝廷之上，他满腔热忱，撰成《军制论》、《形势论》、《田功论》、《钱法论》，即著名的"乙西四论"，为明朝出谋划策。针对南京政权军政废弛及明末种种弊端，从军事战略、兵力来源和财政整顿等方面提出一系列建议。

1645 年 5 月，顾炎武取道镇江赴南京就职，尚未到达，南京即为清兵攻占，弘光帝被俘，南明军崩溃，清军铁骑又指向苏、杭。当时，江南各地抗清义军纷起，顾炎武和挚友归庄、吴其沆投笔从戎，参加了金都御史王永祚为首的一支义军。诸义军合谋，打算先收复苏州，再取杭州、南京及沿海，一时间起义军声势浩大，名动国内；但这些起义军终究是残军临时聚集在一起的，实在敌不过气焰正炽的清兵八旗精锐，义军攻进苏州城即遇伏而溃，松江、嘉定亦相继陷落。

顾炎武潜回昆山，又与杨永言、归庄等守城拒敌；不数日昆山失守，死难者多达 4 万，吴其沆战死，炎武生母何氏右臂被清兵砍断，两个弟弟被杀，炎武本人则因城破之前已往语濂径而侥幸得免。9 天后，常熟陷落，炎武嗣母王氏闻变，绝食殉国，临终嘱咐炎武，说："我虽妇人，身受国恩，与国俱亡，义也。汝无为异国臣子，无负世世国恩，无忘先祖遗训，则吾可以瞑于地下。"顾炎武的母亲嘱咐他誓死不忘国恩，不能辱没了祖宗的气节和自己的人格。

安葬完母亲之后，这年 6 月，明宗室唐王朱聿键在福州称帝，年号隆武。经大学士路振飞推荐，隆武帝遥授炎武为兵部职方司主事；由于嗣母新丧，炎武一时难以赴任，只能"梦在行朝执戟班"。当时，清松江提督与巡抚土国宝不和。前明兵科给事中陈子龙、成安府推官顾咸正、兵部主事杨延枢等暗中策动吴胜兆举义反正，咸正为炎武同宗长辈，陈子龙等都与炎武往来密切，这件事炎武也是参与了的。1647 年夏，事情败露，胜兆被解往南京斩首，清廷大肆搜捕同案诸人。子龙往投炎武，炎武当时已离家出亡；于是子龙逃入顾咸正之子天遴、天逵家躲藏，不久三人即被逮，炎武多方营救，未能奏效。结果，陈子龙乘差官不注意时投水自尽，杨延枢及顾氏父子先后遇害，受此案株连而死者 40 余人。

在策动吴胜兆反正的同时，炎武还进行了其他一些活动。1646 年，炎武本打算赴福建就职司主事之任，大约将行之际，路振飞派人与他联系，要他联络"淮徐豪杰"。此后四五年中，炎武奔走于各股抗清力量之间，意图纠合各地义军伺机而动。

虽然弘光及闽浙沿海的隆武等南明政权先后瓦解，炎武亲身参与的抗清活动也一再受挫，但是，炎武并未因此而颓丧。他以填海的精卫自比："万事有不平，尔何空自苦，长将一寸身，衔木到终古。"

也许顾炎武的行为在我们现在看来有些不识时务，但在当时而言，顾炎武世受明朝皇恩，自然想着报效朝廷，这也是一种伟大的爱国思想。就好像我国现在的所有公民，都会想着以报国为己任，不允许自己的国家被外国或者外来者侵犯是一样的道理。

明道救世

面对当时黑暗的社会现实，顾炎武认为当务之急在于探索"国家治乱之源，生民根本之计"。他在纂辑的《天下郡国利病书》中，首先关注的是土地兼并和赋税繁重不均等社会积弊，对此进行了有力的揭露，指出"世久积弊，举数十屯而兼并于豪右，比比皆是"，乃至出现了"有田连阡陌，而户米不满斗石者；有贫无立锥，而户米至数十石者"的严重情况。

在所撰写的《军制论》、《形势论》、《田功论》、《钱法论》和《郡县论》中，他探索了造成上述社会积弊的历史根源，表达了要求进行社会改革的思想愿望。他指出"郡县之弊已极"，症结就在于"其专在上"，初步触及了封建君主专制制度问题，从而提出了变革郡县制的要求。他指出"法不变不可以救今……而姑守其不变之名，必至于大弊"。

顾炎武在"明道救世"这一经世思想的指导下，提倡"利民富民"。他认为，"今天下之大患，莫大乎贫"，因而认为"有道之世"，"必以厚生为本"，他希望能逐步改变百姓穷困的境遇，达到"五年而小康，十年而大富"。他不讳言"财"和"利"。他说："古之人君，未尝讳言财也……民得其利，则财源通而有益于官；官专其利，则财源塞而必损于民。"他认为问题不在于是否言财言利，而在于利民还是损民，在于"民得其利"还是"官专其利"。他认为自万历中期以来，由于"为人上者"只图"求利"，以致造成"民生愈贫，国计亦愈窘"的局面。由此，他主张实行"藏富于民"的政策，认为"善为国者，藏之于民"。并且指出只有这样，才是真知其"本末"的做法。

顾炎武也和黄宗羲、王夫之一样，从不同的角度对"私"做出了肯定，并对公与私的关系作了辩证的论述。他说："自天下为家，各亲其亲，各子其子，而人之有私，固情之所以不能免矣……合天下之私以成天下之公，此所以为王政也。"这就把人之有私看作是完全合乎情理的现象，并且认为"用天下之私，以成一人之公而天下治"。他的这种利民富民和"财源通畅"的主张，以及对"私"的肯定，都反映了当时资本主义生产关系萌芽状态下新兴市民阶层的思想意识。

顾炎武从"明道救世"的经世思想出发，还萌发了对君权的大胆怀疑。他在《日知录》的"君"条中，旁征博引地论证了"君"并非封建帝王的专称，并进而提出反对"独治"，主张"众治"，强调"以天下之权寄之天下之人"。他虽然还未直接否定君权，未能逾越封建的藩篱，但他这种怀疑君权、提倡"众治"的主张，却具有反对封建专制独裁的早期民主启蒙思想的色彩。

顾炎武"明道救世"的经世思想，更为突出的是他提出了"天下兴亡，匹夫有责"的响亮口号。顾炎武所说的天下兴亡，不是指一家一姓王朝的兴亡，而是指广大的中国人民生存和整个中华民族文化的延续。因此，他的"天下兴亡，匹夫有责"的口号，就成为一个具有深远意义和影响的口号，成为激励中华民族奋进的精神力量。而在顾炎武的一生中，也确实是以"天下为己任"而奔波于大江南北，他的一生都充分印证了他"天下兴亡，匹夫有责"的高尚情操。

第七节 丝绸之路的打通者
——张骞

张骞,汉族,字子文,汉中郡城固(今陕西省城固县博望镇)人,中国汉代卓越的探险家、旅行家与外交家,对丝绸之路的开拓有重大的贡献。

张骞开拓了汉朝通往西域的南北道路,并从西域诸国引进了汗血马、葡萄、苜蓿、石榴、胡麻等等。张骞出使西域,为丝绸之路的开辟奠定基础。

出使西域

汉武帝时期(公元前138年),张骞奉命率领100多人,从陇西(今甘肃临洮)出发。正当张骞一行匆匆穿过河西走廊时,不幸碰上匈奴的骑兵队,全部被抓获。匈奴的右部诸王立即把张骞等人押送到匈奴王庭,见当时的军臣单于。后来,张骞一行被扣留和软禁起来。

张骞始终没有忘记汉武帝交给自己的神圣使命,没有动摇为汉朝通使月氏的意志和决心。张骞等人在匈奴一直留居了十年之久。公元前129年,敌人的监视渐渐有所松弛。一天,张骞趁匈奴人不备,果断地离开妻儿,带领其随从,逃出了匈奴王庭。

但在张骞留居匈奴期间,西域的形势已发生了变化。月氏的敌国乌孙在匈奴支持和唆使下,西攻月氏。月氏人被迫又从伊犁河流域继续西迁,进入咸海附近的妫水地区,征服大夏,在新的土地上另建家园。张骞大概了解到这一情况。他们经车师后没有向西北伊犁河流域进发,而是折向西南,进入焉耆,再溯塔里木河西行，过库车、疏勒等地，翻越葱岭，直达大宛。路上经过了数十日的跋涉。

张骞到大宛后，向大宛国王说明了自己出使月氏的使命和沿途种种遭遇，希望大宛能派人相送，并表示今后如能返回汉朝，一定奏明汉皇，送他很多财物，重重酬谢。大宛王本来早就风闻东方汉朝的富庶，很想与汉朝通使往来，但苦于匈奴的中梗阻碍，未能实现。汉使的意外到来使他非常高兴，张骞的一席话更使他动心。于是满口答应了张骞的要求，热情款待后，派了向导和译员，将张骞等人送到康居。康居王又遣人将他们送至大月氏。

不料，这时大月氏人由于新的国土十分肥沃，物产丰富，并且距匈奴和乌孙很远，外敌寇扰的危险已大大减少，改变了态度。当张骞向他们提出建议时，他们已无意向匈奴复仇了。加之，他们又以为汉朝离月氏太远，如果联合攻击匈奴，遇到危险恐难以相助。张骞等人在月氏逗留了一年多，但始终未能说服月氏人与汉朝联盟，夹击匈奴。在此期间，张骞曾越过妫水南下，抵达大夏的蓝氏城。公元前128年，动身返国。

这是张骞第一次通使西域，张骞的这次远征，使中国的影响直达葱岭东西。自此，不仅现今中国新疆一带同内地的联系日益加强，而且中国同中亚、西亚，以至南欧的直接交往也建立和密切起来。后人正是沿着张骞的足迹，走出了誉满全球的"丝绸之路"。张骞的"凿空"之功，是应充分肯定的。

张骞这次出使西域，既是一次极为艰险的外交旅行，同时也是一次卓有成效的科学考察。张骞第一次对广阔的西域进行了实地的调查研究工作。他不仅亲自访问了位于今新疆的各小国和中亚的大宛、康居、大月氏和大夏诸国，而且从这些地方又初步了解到乌孙、奄蔡、安息、条支、身毒等国的许多情况。回长安后，张骞将其见闻向汉武帝作了详细报告，对葱岭东西、中亚、西亚，以至安息、印度诸国的位置、特产、人口、城市、兵力等，都做了说明。

现在来看，张骞出使西域不仅给当时的汉朝带来了利益，也对我国历史发展产生了深远的积极影响。

建立邦交友好

公元前 119 年，张骞劝武帝联合乌孙，武帝命张骞为中郎将，率三百人，马六百匹，牛羊金帛万数，浩浩荡荡第二次出使西域。此时匈奴势力已被逐出河西走廊，道路畅通。他到达乌孙后，请乌孙东返故地。乌孙王年老，不能做主，大臣都惧怕匈奴，又认为汉朝太远，不想移徙。张骞派遣副使分别赴大宛、康居、大月氏、安息、身毒、于阗、扜弥等国展开外交活动，足迹遍及中亚、西南亚各地，最远的使者到达地中海沿岸的罗马帝国和北非。

公元前 115 年，乌孙王配备了翻译和向导护送张骞回国，同行的还有数十名乌孙使者，这是西域人第一次到中原。乌孙王送给汉武帝数十匹好马，深得武帝欢心。武帝任命张骞为大行，负责接待各国使者和宾客。第二年，张骞去世。他所派遣的副使以后也陆续带了各国使者来到长安，汉和西域诸国建立了友好关系。

张骞是西汉开辟通往西域道路的第一个使者，他的坚强意志和勇敢精神一直为后人所传颂。张骞两次出使西域，促进了中西经济文化交流。此后，汉朝和西域各国经常互派使者，大者数百，少者百余人。促进了双方贸易的发展，形成了商胡贩客，日款于塞下的景象。

但是，处于西域东端的楼兰、姑师仍在匈奴的控制之下，他们在匈奴的挑唆下，经常出兵攻杀汉朝使者，劫掠商旅财物，成为汉通往西域的严重阻碍。为确保西域通道，汉将赵破奴、王恢于公元前 108 年率 700 轻骑突袭楼兰，后赵破奴又率军数万击破姑师，并在酒泉至玉门关一线设立亭障，作为供应粮草的驿站和防守的哨所。

公元前 115 年，随张骞至长安的乌孙使者回国，报告汉王朝的强盛后，增强了乌孙王昆莫对汉王朝的信任。他再次派使者到长安，请求与汉和亲。公元前 105 年，汉武帝把江都王刘建之女细君作为公主嫁给昆莫，并赐乘舆服御物，为备官属宦官侍御数百人。细君死后，汉王朝又将楚王刘戊之女解忧公主嫁给乌孙王岑陬。这两次和亲，对于巩固汉与乌孙的友好关系，使乌孙成为汉在西方牵制匈奴的一支重要力量，以及发展双方经济、文化交流等，都起到了积极作用。

为了打破匈奴对大宛的控制并获得大宛的汗血马，汉武帝还于公元前104年和前102年两次派贰师将军李广利西征大宛，迫使大宛进贡良马几十匹，中马以下牡牝三千余匹。此后，汉政府在楼兰、渠犁和轮台驻兵屯垦，置校尉。

这是汉在西域最早设立的军事和行政机构，为后来设西域都护创造了条件。

在张骞通使西域返回长安后，汉朝抗击匈奴侵扰的战争已进入了一个新的阶段。探险西南的前一年，张骞曾直接参加了对匈奴的战争。公元前123年2月和4月，大将军卫青两次出兵进攻匈奴。汉武帝命张骞以校尉，从大将军出击漠北。当时，汉朝军队行进于千里塞外，在茫茫黄沙和无际草原中，给养相当困难。张骞发挥他熟悉匈奴军队特点，具有沙漠行军经验和丰富地理知识的优势，为汉朝军队做向导，指点行军路线和扎营布阵的方案。由于他"知水草处，军得以不乏"，保证了战争的胜利。事后论功行赏，汉武帝封张骞为"博望侯"，"博望"是"取其能广博瞻望"。这是汉武帝对张骞博闻多见，才广识远的恰当肯定。

而汉朝的使者不断往来于西域诸国，一年多则十几次，少则五六次，都用"博望侯"的名义，以取信于各国。乌孙国见汉朝军威远播，财力雄厚，遂重视与汉朝关系，两国长期通婚友好。

张骞通西域的意义，不仅丰富了中国人的地理知识，扩大了中国人的地理视野，而且直接促进了中国和西方物质文化交流。中国精美的手工艺品，特别是丝绸、漆器、玉器、铜器传列西方，而西域的土产如苜蓿、葡萄、胡桃（核桃）、石榴、胡麻（芝麻）、胡豆（蚕豆）、胡瓜（黄瓜）、大蒜、胡萝卜，各种毛织品、毛皮、良马、骆驼、狮子、鸵鸟等陆续传入中国。西方的音乐、舞蹈、绘画、雕塑、杂技也传入中国,对中国古代文化艺术产生了积极的影响。

张骞不畏艰险,两次出使西域,沟通了亚洲内陆交通要道,与西欧诸国正式开始了友好往来,促进了东西经济文化的广泛交流,开拓了从我国甘肃、新疆到今阿富汗、伊朗等地的陆路交通,即著名的"丝绸之路"。完全可称之为中国走向世界的第一人。

汉朝"凿空西域",张骞创立首功。张骞对开辟丝绸之路卓有贡献,至今为人称道。

第 ❸ 章

戎马生涯，舍我其谁
——军事英雄的进取人生

古代的军事力量也就是我们现在所说的国防，只有巩固和强大国防，国家才能获得基本的生存和发展环境。在过去，中国有国无防、国门洞开、饱受列强欺凌的历史为中华民族提供了应当永远汲取的教训，而在那些屈辱的岁月中亦有很多军事英雄保卫着祖国的防线。

第一节　修筑长城的始者
——蒙恬

蒙恬，姬姓，蒙氏，名恬，祖籍齐国（今山东省蒙阴县）人，秦朝著名将领，被誉为"中华第一勇士"。蒙恬出生于一个世代名将之家，祖父蒙骜、父亲蒙武均为秦国名将，深受家庭环境的熏陶，自幼胸怀大志，立志报效国家。

蒙恬率 30 万大军北击匈奴，收复河南地，修筑西起陇西的临洮，东至辽东的万里长城，征战北疆十多年，威震匈奴。传他曾改良过毛笔，是中国西北最早的开发者，也是古代开发宁夏第一人。

忠臣猛将

蒙恬最初做过掌理司法文书的官吏。据资料记载，蒙恬在公元前 224 年作为李信的副手，一起带兵 20 万攻楚，独自带领一支分遣队攻克楚国的寝丘。李信在攻破鄢后，引兵向西，与蒙恬在城父会合，不久李信军被楚军击破。秦始皇复用王翦为将，蒙恬父蒙武为裨将军带兵 60 万攻楚。公元前 221 年，蒙恬因为出身将门被秦始皇起用为将军，攻齐国大胜，后任内史。

秦始皇外出时，蒙恬的弟弟蒙毅陪同与始皇共乘一车，在朝时又侍从始皇的左右。蒙恬兄弟二人，一个负责对外军事，一个谋划国内政事，有"忠信为国"的美名。秦国的其他将相都不能与他兄弟二人争宠。蒙氏家族世代为将，战功显赫，到了蒙恬这一代更达到了事业的顶峰。

公元前 221 年，蒙恬率大军攻破齐都，实现了秦始皇梦寐以求的全国统一，秦始皇授给他内史的官职。蒙恬在统一六国的战斗中虽然并没有立下赫赫战功，但却积累了足够的战争经验，他的才华也得到了秦始皇的认可。

血战匈奴

统一六国后，公元前214年，蒙恬率领30万秦军征伐匈奴，次年收复河南地，击退匈奴700余里，屯兵上郡。蒙恬吸取战国时期据险防御的经验，从榆中沿黄河至阴山构筑城塞，连接燕、赵、秦5000余里旧长城，据阳山逶迤而北。并修筑北起九原、南至云阳的直道，构成了北方漫长的防御线。蒙恬守北方十余年，匈奴慑其威猛，不敢再犯。

而当时蒙恬之弟蒙毅也在做上卿。蒙毅曾判处中车府令赵高死刑，但赵高又被赦免，从此蒙氏兄弟和赵高结怨。赵高和秦始皇幼子胡亥关系密切，曾私下教授胡亥法律方面知识，颇受胡亥重用。

战国末年，烽烟四起，秦国以一国之力，横扫中原六国，建成了中国历史上第一个封建帝国。在中原混战的同时，中国的北方一直活跃着一个善于骑射凶悍无比的民族——匈奴，他们利用中原战乱之机，不断骚扰北方各国。在秦统一中原的同时，他们乘机跨过黄河，占领了河套以南的大片土地，直接威胁着秦都咸阳的安全，成为整个帝国最后的心腹之患。就在此时，秦始皇派出蒙恬北击匈奴。

公元前215年，秦始皇以蒙恬为帅，统领30万秦军北击匈奴。在黄河之滨，以步兵为主的秦军与匈奴骑兵展开了一场生死之战。蒙恬率领的军队以锐不可当的破竹之势，在黄河上游，击败匈奴各部大军，迫使匈奴望风而逃，远去大漠以北700里。汉代贾谊就评价当时匈奴的状态说："不敢南下而牧马。"

蒙恬仅一战就将剽悍勇猛的匈奴重创，使其溃不成军，四处狼奔。匈奴几十年不敢进汉地，这都是蒙恬的伟大功绩。蒙恬统率重兵坐镇上郡，为加强河套地区的防线，在河套黄河以北，筑亭障，修城堡，作为黄河防线前哨阵地。经过这次战斗，给北方带来了十几年安定的社会环境，为河套地区的开发创造了条件。

丰功伟绩，名垂千古

在蒙恬打败匈奴，拒敌千里之后，他带兵继续坚守边陲。蒙恬又根据"用险制塞"以城墙来制骑兵的战术，调动几十万军队和百姓筑长城，把战国时秦、赵、燕三国北边的防护城墙连接起来，并重新加以整修和加固。于是建起了西起临洮，东到辽东的长达五千多公里的万里长城，用来保卫北方农业区域，免遭游牧匈奴骑兵的侵袭。

蒙恬在修筑万里长城的壮举中，起了主要的作用，这延绵万余里的长城给后人留下了巨大的文化瑰宝。其实，司马迁《史记》中蒙恬修筑长城的评价是片面的，他只看到修长城对人民的劳役，却没有看到修长城对中原地区长久安定的重要意义。其次，蒙恬只是连接了秦、赵、燕三国的长城，工程量远没有司马迁所想的那么大。最后就是蒙恬和公子扶苏曾经多次上书秦始皇请求减免徭役，同时，和扶苏商议如何合理安排人力，来减轻徭役。

同时，蒙恬沿黄河河套一带设置了 44 个县，统属九原郡。还建立了一套治理边防的行政机构。又于公元前 211 年，发遣三万多名罪犯到兆河、榆中一带垦殖，发展经济，加强军事后备力量。这些措施对于边防的加强，起到了积极的作用。

另外，蒙恬又派人马，从秦国都城咸阳到九原郡，修筑了宽阔的直道，克服了九原郡交通闭塞的困境。这不但加强了北方各族人民经济、文化的交流和融合，更重要的是对于调动军队，运送粮草器械物资等具有重要战略意义。蒙恬将军驻守九原郡十余年，威震匈奴，受到始皇的推崇和信任。

对于今天的人，历史就是一张写满字的纸，一切都已写成，无可更改；但对于古人来说，历史却是他们的将来，他们的决定就可以影响历史。忠君儒雅的性格，决定了蒙恬最终的选择，同时也注定了后来的历史。历史并没有忘记蒙恬这位爱国将领的丰功伟绩。

第二节 戎马倥偬，征战终生
——成吉思汗

成吉思汗，蒙古帝国可汗，"成吉思汗"意为"拥有海洋四方的大酋长"。世界史上杰出的政治家、军事家。

成吉思汗从开始西征起，便把东西交通大道上的此疆彼界扫除了，把阻碍经济文化交流的堡垒削平了，于是东西方的交往开始频繁，距离开始缩短了。中国的创造发明如火药、纸币、驿站制度等输出到西方，西方的药品、织造品、天文历法等也输入了中国。

统一部落

1146年，蒙古部首领俺巴孩汗被金熙宗以"惩治叛部法"的名义钉死在木驴上。蒙古部落联盟曾经组织了多次反抗斗争，他们的几代先人为此付出了鲜血与生命。在这种社会环境下出生的铁木真，自然也将对金国的胜利看作是他一生中最主要的奋斗目标。他一直把这个仇恨记在心里，正是这种几代冤仇导致了草原内外的长期征战，铁木真的母亲诃额仑夫人出生于弘吉刺部，同蔑儿乞人赤列都结亲。

1161年秋，蒙古乞颜部首领也速该在斡难河畔打猎，发现了途经蒙古部驻地的诃额仑。他在几位兄弟的协助下，根据当时的"抢亲"传统，打败了蔑儿乞人，抢来了诃额仑夫人，于是诃额仑成为也速该的妻子。第二年，也速该生擒塔塔尔部首领铁木真兀格，恰好这时第一个儿子降生了。为了庆祝战争的胜利，也速该给自己刚出生的长子取名"铁木真"。铁木真9岁时，父亲被铁木真兀格之子札邻不合毒死。也速该死后，俺巴孩汗孙泰赤兀部的塔里忽台乘机兴风作浪,煽动蒙古部众抛弃铁木真母子,使其一家从部落首领的地位一下子跌入苦难的深渊。

铁木真 18 岁时,昔日仇敌蔑儿乞部的脱脱部长又抢走了他的妻子。铁木真向蔑儿乞部开战,打败了蔑儿乞人。1184 年前后,铁木真被推举为蒙古乞颜部可汗。

随着自己力量的不断强大,铁木真开始向杀害父祖的敌人寻仇。击败主儿乞部,杀其首领,部将木华黎父子投诚。后木华黎成为铁木真的第一名将,封太师国王,让他独当一面地经略中原。草原各部贵族害怕铁木真的崛起,推举札木合为"古儿汗",即众汗之汗,誓与铁木真为敌。他们组建 12 部联军,向铁木真和克烈部发动了阔亦田之战。

札木合率领的乌合之众经不住铁木真王汗联军的猛烈打击,不到一天就土崩瓦解,札木合投降王汗。随后铁木真进攻塔塔儿部,其首领札邻不合服毒自杀,塔塔儿部另一首领也客扯连投降。铁木真追击泰赤兀部,在指挥作战中被泰赤兀部将射中脖颈,生命垂危。第二天清晨,泰赤兀部众向铁木真投降。

泰赤兀部的覆灭,铲除了铁木真进一步统一蒙古各部的巨大障碍,而其几员部将如神箭手哲别、纳牙阿等却成为铁木真征服天下的得力助手。后来远征西辽消灭屈出律的是他们,第一次在西征中哲别和速不台作用最为特殊,追赶摩诃末苏丹的是他们,活捉秃儿罕太后的是他们,败罗斯基辅大公的也是他们。

1202 年秋,铁木真集中兵力,消灭了其宿敌塔塔儿部。1203年秋,铁木真袭击了一直与自己争战不休的王汗的金帐,王汗父子被打败。1204 年,铁木真征服乃蛮部。

强大的克烈部被灭,铁木真占据了水草丰美的东部草原——呼伦贝尔草原。蒙古草原上只剩下乃蛮部还有力量能够与铁木真对抗,败于铁木真之手的各部贵族先后汇集于乃蛮汗廷,企图借助太阳汗的支持夺回自己失去的牛羊和牧场。但草原人民并不希望部落林立的局面重演,而未经战阵的"太阳汗"也不堪一击,经过纳忽崖之战,乃蛮部被其彻底消灭。

大家知道，分裂和战乱是不会让一个国家或集体有好的发展的，想要进步，唯有统一、团结。虽然铁木真的统一方法难免暴力和血腥，但是在那个时代也无可厚非。我们最重要的是要学习他统一部落的远大眼光，欣赏他的雄心壮志。

崛起灭金

1206 年春天，蒙古贵族们在斡难河源头召开大会，诸王和群臣为铁木真上尊号"成吉思汗"。铁木真正式登基成为大蒙古国皇帝（蒙古帝国大汗），这是蒙古帝国的开始。随后他颁布了《成吉思汗法典》，这是世界上第一套应用范围最广泛的成文法典，建立了一套以贵族民主为基础的蒙古贵族共和政体制度。

成吉思汗立国后，势力益盛，实行千户制，建立护卫军。开始对外发动大规模征服战争。经二十余年与西夏的战争，屡创西夏军主力，迫西夏国王乞降，除金朝西北屏障以顺利南下攻金。1211 年，铁木真亲率大军伐金，开始了为时 24 年的蒙金战争。整个战争过程中，铁木真首战乌沙堡获捷；再战野狐岭、会河堡，歼灭金军大量精锐；又战怀来、缙山，大败金军十余万；重创金军于东京、西京、居庸关等地。后不断改变战法，分兵三路攻掠中原腹地及辽西地区。

1214 年 3 月，铁木真集兵大都城下。不成想一时难以克城，所以就派遣使臣逼和，迫金朝奉献岐国公主、金帛和马匹，引兵退出居庸关。6 月，以金朝迁都南京而"违约"为借口，乘金人心浮动及憨军哗变降蒙之机遣部将三摸合拔都、石抹明安率军，会合降蒙糺（jiǔ）军进攻中都，以围城打援和招降之策，于次年 5 月克城。为适应攻城需要，成吉思汗采纳部将建策逐步建立炮军，攻城以炮石为先。后来攻城作战，一次用炮即达数百座，迅即破城。同时，为吸取各民族的先进技术四处掠夺工匠艺人，一城即掠数万。随后建工匠军，设厂冶铁制造兵器。在通信联络上创建"箭速传骑",日速数百里,军令传递和军队调遣速度增快。善于发挥骑兵之长,有"蒙古旋风"之称。

1217年,成吉思汗封木华黎为太师、国王,指挥攻金战争,自率主力返回蒙古准备西征。第二年,遣先锋将领哲别灭西辽屈出律势力,扫清西征障碍。成吉思汗十四年,以西域花剌子模国杀蒙古商人和使者为由,以军事扩张和掳掠财物为目的,亲率大军约20万分路西征。数年间先后攻破讹答剌、布哈拉及撒马尔罕等地。遣哲别、速不台率军追击花剌子模国王摩诃末,迫其逃至宽田吉思海中小岛。再命哲别、速不台继续西进,远抵克里米亚半岛;自率一军追击摩诃末之子札兰丁至申河。

1225年,班师返漠北。1227年,率军10万歼灭西夏军主力。成吉思汗正欲集中全力攻金,于本年8月在六盘山下清水县病逝,年66岁。铁木真临终留下遗嘱:利用宋金世仇借道宋境,联宋灭金。其子窝阔台和拖雷继承父志,于1234年灭金。

成吉思汗的统一具有伟大的历史意义,它将中国的历史有力的向前推进了一大步。并且他以及他的后代开创的元朝,将其疆域扩展到了我国历史上最大的范围,将我国的影响推向了更广阔的领域。

第三节　建立多民族统一政权的元世祖——忽必烈

忽必烈,蒙古族,元朝的创建者。是监国托雷第四子,元宪宗蒙哥弟,蒙古尊号"薛禅汗"。他青年时代便"思大有为于天下"。孛儿只斤·忽必烈建立了幅员辽阔的统一多民族国家元朝。他在位期间,建立行省制,加强中央集权,使得社会经济逐渐恢复和发展。他也曾多次派兵侵略邻国,但多遭失败。同其祖父成吉思汗一样,忽必烈是蒙古民族光辉历史的缔造者，是蒙古族卓越的政治家、军事家。忽必烈在位35年，1294年正月在大都病逝，谥号圣德神功文武皇帝，庙号世祖。

征服南宋

黄金家族内部的最高权力斗争结束之后，元朝恢复了征讨南宋的计划。在攻打南宋的战争中，忽必烈幸运地得到两位杰出将领：伯颜和阿术，还得到回鹘人阿里海牙的支持。

1268年，阿术着手围攻襄阳和樊城这两个控制着湖北境内汉水下游流域的城市。这一著名的围攻战持续了5年（1268～1273年），襄阳守将吕文焕进行了顽强的抵抗。1272年，阿里海牙从美索不达米亚带来了两位著名的穆斯林工程师：毛夕里的阿拉丁和希拉的伊斯迈尔，用他们带来的攻城武器终于粉碎了被围困的居民们的抵抗。樊城于1273年2月被攻占，吕文焕被宫廷阴谋弄得心烦意乱，于同年3月以襄阳城投降元军。

当时，元军控制着汉水下游，伯颜和阿术沿长江而下，于1275年成功地征服湖北东部要地（汉阳、武昌、黄州），安徽要地（安庆、池州、芜湖、太平和宁国）和江苏要地（南京、镇江）。接着，伯颜进入浙江，占常州，抵达宋都临安。1276年，灭南宋，元朝成为全国性政权。

不过南方仍有待元军去征服，那儿的南宋人坚持顽强抵抗。阿里海牙攻占湖南的重要城市长沙和广西的桂林。当时忽必烈被迫在蒙古与反叛他的同族人作战，这一战争使南宋主战派将领们得到短暂的喘息，他们企图在福建和广东沿海重建政权。但是，蒙古人在速客秃将军的率领下重返中国，依次占领福州和泉州。南宋的最后一批"爱国者"在英勇的张世杰的率领下，带着新立的9岁的宋朝小王子宋帝昺，在海上的船中避难。1279年，在广州西南崖山附近受蒙古水军攻击，船被击溃，小皇帝也溺水而死。

包括南宋在内，西夏、金朝、西辽、吐蕃、高丽第一次落入突厥——蒙古族征服者手中。这是5世纪的拓跋氏突厥人和12世纪的女真氏通古斯人都没有实现的事业，忽必烈最终完成了。正是他实现了10个世纪以来"所有居毡帐"民，即世世代代的游牧民们所抱有的朦胧梦想。

草原上漫游的牧民们，随着忽必烈一起，最终成了中国——整个亚洲定居农民中人口最稠密的地区的主人。然而，征服是缓慢的，足以抵消它所产生的坏影响。确实，尽管这位游牧民的后代忽必烈可能征服了中国，然而，他本人已经被中国文明所征服。因此，他能够认识到其政策的始终如一的目标：成为真正的"天子"，使蒙古帝国成为中国帝国。

实现这一目标的路敞开了。宋朝一灭亡，他就成了具有15个世纪悠久历史的帝国的合法君主。他的王朝，取名为元朝（1271～1370年），只希望追随以往的22个中国王朝的步伐。中国化的明显标志是：忽必烈从阿里不哥手中夺回哈拉和林后，从来没有到那儿去住过。1256～1257年，他选择今察哈尔东、多伦诺尔附近的上都府为夏季驻地建了一群宫殿。1260年，改中都为大都，并且在这里建都。1267年，他开始在原金朝中都的东北营建新城，他称之为大都，即"伟大的都城"，也被称为"可汗之城"，西方游人称"汗八里"。它成为蒙古君主们的冬季驻地，而上都府仍是他们的夏季驻地。

忽必烈当时声称要进攻南宋首都临安，并且留大将继续对鄂州的围攻，增加对南宋的军事压力。1259年12月17日，南宋丞相贾似道派使者请和，约定南宋割地，而且每年上供岁币，忽必烈于是在当日撤兵北返。1260年1月4日，忽必烈率军抵达燕京（今北京市），解散了脱里赤征集的民兵，"民心大悦"。忽必烈率军在燕京近郊驻扎，度过了整个冬天，并积极和诸王联络，准备在1260年春天召开库力台大会，举行登基大典。

忽必烈打造了新的封建帝国的面貌，虽然他是蒙古人，但是也深深地被中国的汉文化所影响，促进了中国文化的发展和传播。

试图引进基督教

忽必烈甚至还寻求获得中国数量不多的基督教徒和外国基督教徒的支持和协助。在忽必烈即位以前，基督教使者已经到达蒙古宫廷，而且几位工匠，例如著名的手工艺人威廉·布涉曾为大汗蒙哥服务过。但忽必烈采取更关切的态度邀请和招募外国基督徒。

马可·波罗是忽必烈时代中西方交流中的最有名的基督徒。这位威尼斯旅行者声称于1275年到达中国，他的著作是许多年中欧洲人了解中国的唯一渠道。马可·波罗说过，他的父亲尼柯罗·波罗和叔叔马菲奥·波罗先于他到达中国。这两位商人于1252年离开威尼斯，在君士坦丁堡做了几年生意，并且在1265年下半年或者1266年上半年到达忽必烈的宫廷之前在俄罗斯和中亚旅行。根据马可·波罗的说法，忽必烈"面带最仁慈的微笑"并且"以很高的礼节接见他们，使他们感到极大的喜悦和欢乐"。在彬彬有礼的交谈之后，忽必烈提出他的请求：他要求老波罗们劝说教皇当他们返回中国时派100位有知识的基督徒同来。他断言他们可以帮助他的子民皈依基督。不过他做出这个请求的主要动机是吸收有学问的人帮助他管理中国领土。由于这种对待宗教的折中主义，忽必烈不急于使他的百姓转变为基督徒。但是他需要使教皇和基督教统治集团相信，他希望有学问的欧洲人帮助用基督教指导他的人民。

当老波罗兄弟于1269年返回到基督教的世界时，他们面临失望。他们很快获悉，教皇克莱门特四世于前一年去世，他们尽快完成忽必烈的请求和尽快返回中国的计划受阻。正当他们决定在没有教皇的祝福下返回时，新的教皇被选出了，他们受到接见。但是，他们不能得到所请求的100位有学问的基督徒，只能选择了部分代表。1271年他们向大汗的宫廷出发。在尼柯罗的儿子马可·波罗陪伴下，他们最终于1275年到达中国。忽必烈对他寻求的100位有学问的人没有全部到达而来感到沮丧，但是他显然对马可·波罗的才智有了深刻的印象。根据马可·波罗的记载，这位大汗派他到中国和东南亚的不同地方去充当这位皇帝的"耳目"，并带回他所到之处的见闻。

同样，马可·波罗被忽必烈的才能打动。马可·波罗看到的是高居权位的大汗，并以谄媚的词语描写他。马可·波罗把忽必烈评价为"毫无疑问是全世界空前绝后的最伟大的君主"。他较详细地描述宫廷宴会、新年庆典、忽必烈率领的狩猎和带鹰出猎，并且报告诸如纸币、煤及驿站系统等奇特事物，所有这些都会给欧洲人留下深刻的印象。这位年轻的欧洲人和蒙古人打成一片并且明显地钦佩蒙古人，这肯定让忽必烈十分满意。他认为善待这位年轻人对自己是最有利的，尤其如果他希望诱使更多的欧洲人到他的宫廷的话。

忽必烈通过对基督教实行宽容政策进一步吸引欧洲人。他的母亲通过笼络聂思脱里派设定了这条道路。尽管忽必烈没有变为基督徒，但是他在宫廷里任用聂思脱里教徒。他不限制聂思脱里教的习俗，而且马可·波罗也曾提及他在甘州、肃州和西北的其他小城市中偶然遇见的教堂。忽必烈还豁免教士的赋税和兵役。最后，他建立了一个专门的政府机构崇福司监督他国土内的聂思脱里教牧师。他把两名聂思脱里教高级教士派往中东，这是他吸引基督徒的另一迹象。

1275～1276年，列班骚马和麻古思离开大都去访问耶路撒冷的圣地，如果没有忽必烈的同意和支持，他们也许难以通过中国北部和中亚。列班骚马和波斯的蒙古伊利汗会见并且受一位伊利汗的派遣和欧洲人商谈结盟。他受到罗马教皇的接见，并且获准在巴黎与腓力四世、在波尔多与英格兰国王爱德华一世见面。这些会面并没有导致有学问的基督徒进入忽必烈的王朝，也没有造就和欧洲人的同盟。然而这显示了元朝朝廷对基督教的容忍，在政府中任用基督徒官员并且欢迎同更大的基督世界接触。

基督教在元之前的朝代中并没有被接纳和重视，虽然忽必烈的初衷是利用基督教管理新的封建王朝，但对于基督教在我国的传播，以及我国宗教文化的丰富来说，无疑有着一定贡献。

第四节　中国近代海军奠基人
——彭玉麟

彭玉麟，字雪琴，号退省庵主人、吟香外史，祖籍衡永郴桂道衡州府衡阳县（今衡阳市衡阳县渣江），生于安徽省安庆府。清朝著名政治家、军事家、书画家。清末水师统帅，湘军首领，人称雪帅。彭玉麟与曾国藩、左宗棠并称大清三杰，与曾国藩、左宗棠、胡林翼并称大清"中兴四大名臣"，湘军水师创建者、中国近代海军奠基人。

中国近现代海军创始人

彭玉麟一生充满传奇色彩。早年是个书生，后投笔从戎，加入湘军。由于他在与太平天国军队的作战中骁勇善战，善于谋略，富于创新，咸丰三年曾国藩让他创立了湘军水师，购买洋炮，制造大船，训练将士。

第二年他率领湘军水师于湘潭败太平军，后随军攻陷岳州，在武汉、田家镇连败太平军水师。后来率湘军水师在湖口被石达开打败。于是整顿水师，配合陆军于大败太平军于樟树镇、临江等地。接着，率湘军水师攻占湖口、九江、安庆，升任水师提督兼兵部右侍郎。

在攻占天京的战役中，彭玉麟亲率水师策应曾国荃陆师沿长江东下，堵截天京护城河口。第二年他攻下江浦、九洑洲、浦口，断绝了天京粮道，成为攻陷天京的大功臣。在剿灭了太平天国后，他一心扑在清军长江水师的建设中，为清军这支水师呕心沥血，鞠躬尽瘁。

后来长江水师被李鸿章全盘接收，成为北洋水师最主要力量。彭玉麟成为近现代中国海军的创始人。

六辞高官，临危受命

第一次是辞去安徽巡抚之职。当时彭玉麟官职是安徽布政使（相当于省长）衔水师统领。曾国藩任两江总督，把所属三省巡抚任给他的三个亲信，任彭玉麟为安徽巡抚。他却一连三次辞谢，其理由是"已习于军营而疏于民政，请朝廷勿弃长用短"。朝廷只好收回成命，改任兵部侍郎，依旧留在前线督带水师，他才坦然接受。

第二次是同治四年二月，朝廷任命他署漕运总督。漕运总督掌管鲁、豫、苏、皖、浙、赣、湘、鄂八省的漕政，是众人垂涎的天下一肥缺。但他又两次谢绝，理由除了不懂漕政外，又加上性情褊急、见识迂愚，不会与各方圆通相处。朝廷只得作罢。

第三次是同治七年六月，上疏请辞已当了七年的兵部侍郎。原因是当年从军时，三年母丧只守了一年，现在国家安定，他理应解甲归田，将剩下的两年补满。这次朝廷没有挽留，答应了他的请辞。

第四次是彭玉麟离职休养三四年后，朝廷又任命为兵部侍郎兼光绪帝大婚庆典宫门弹压大臣。待到庆典一结束，他立即上疏请辞署理兵部侍郎。朝廷接受后，又交给他一项差使，即每年巡视长江水师一次。

第五次是光绪七年七月，朝廷任命他为两江总督兼南洋通商大臣。两江辖地广阔，又兼物产丰茂，南洋通商大臣一缺更是权大责重，一向非名宦宿臣不能任命。朝中重臣曾国藩、李鸿章等人都曾任过此职。让彭玉麟出任两江总督，说明朝廷对他的倚重。但他就是不领这个情，接旨后即上疏请辞，隔日后又再次上辞疏。朝廷无奈，只得把此要缺交给左宗棠。

第六次是光绪八年，朝廷任命彭玉麟为兵部尚书（相当于国防部长）。与过去一样，他接旨后即请辞，朝廷未准。

不久，中法战争爆发，朝廷命他率领旧部将士并增募新军，迅速前往两广部署海防。他认为此时是临危受命，不宜再辞，便以衰病之躯奉旨赴粤，带领所部驻扎南海前线，整修虎门要塞，加强沿海守备，遣部将防守钦州、灵山。多次上疏主战，战后疏请严备战守，以防后患。中法战争胜利结束后，光绪十一年三月，便上疏请辞兵部尚书之职，朝廷未予接受。后来他又三番五次请辞，鉴于他的执着，朝廷只得接受。

彭玉麟是一个不重名利的人，他也深知自己所擅长和不擅长的领域，只想在适合自己的岗位上发挥自己的所长，为百姓黎民和朝廷贡献自己的一分力量。这种高尚气节和远大眼光是值得我们学习的。

廉洁奉公，刚正不阿

彭玉麟早年家境孤寒，父亲去世的早，尝遍了人间冷暖，仕途也坎坷不顺。他对官场腐败深恶痛绝，下决心不与腐败官员为伍。彭玉麟是靠战功成就自己的事业的。

他任长江巡阅使及兵部尚书的时候，秉公办事，疾恶如仇，严惩恶势力，甚至不惜得罪清廷高官大红人曾国藩和李鸿章。曾国荃是曾国藩亲弟，彭玉麟发现曾国荃的部队纲纪废弛，就抓了曾国荃两名吸鸦片的战将。曾国藩是彭玉麟恩师，对他可谓恩重如山，但是彭玉麟却不顾师生情谊，毅然提笔三次弹劾曾国荃，致使曾国藩大怒，写信给他责问自己弟弟到底哪里得罪了他。

有一年，彭玉麟路过安庆，忽然有老百姓拦马喊冤，状告当地恶霸李秋升。李秋升是李鸿章的侄儿，仗着权倾朝野的李鸿章势力横行乡里、夺人妻女，当地老百姓敢怒不敢言。经调查，彭玉麟掌握了足够证据，把李秋升抓来审讯，李秋升竟然藐视彭玉麟不敢把他怎么样而供认不讳。

彭玉麟断然下令："此人不除，安庆难安宁。"这时，李鸿章弟李奎赶来求情，纵有李鸿章这张王牌，也未能使彭玉麟网开一面、刀下留人。彭玉麟任职期间还先后弹劾处置了腐败无能官吏两百余人,其中不乏高官。此外,彭玉麟的一个外甥曾任知府,由于贻误军机也被他杀了。他的所作所为流传下一句佳话:"彭公一出,江湖肃然。"彭玉麟在去世前将为官几十年的官俸、养廉、经费等等加起来上百万两的收入全部捐出来做了军费。

彭玉麟身为大清名将、朝廷重臣,一生不慕名利、不避权贵、不治私产、不御姬妾。虽然一生六辞高官,却在国家危难之时,抱着年迈多病之躯,临危受命,抵御外敌。在权贵当道、腐败之极的咸丰、同治、光绪、宣统年间,成为一个极为罕见的清廉、正直、淡泊、重情重义的名臣。

如他自己所说:"臣素无声色之好,室家之乐,性犹不耽安逸,治军十余年,未尝营一瓦之覆一亩之殖,以庇妻子。身受重伤,积劳多疾,未尝请一日之假回籍调治。终年风涛矢石之中,虽甚病未尝一日移居岸上","臣以寒士始,愿以寒士归"。

彭玉麟就是如此的廉洁奉公,严于律己,才在当朝与后世留下了千古美名,为后世传颂。

第五节 烈火焚烧出来的民族英雄 ——于谦

于谦,汉族,明朝浙江承宣布政使司杭州府钱塘县(今浙江省杭州市)人,字廷益,号节庵。1421年,于谦登辛丑科进士,宣德初授御史,曾随宣宗镇压汉王朱高煦之叛。平叛后,身为御史的于谦因数落朱高煦有功,被宣宗升任巡按江西,颂声满道。于谦与岳飞、张煌言并称"西湖三杰"。

充满磨砺的一生

于谦一生，历经千锤万击，烈火焚烧的磨难。先是参加科举考试时，以状元的文才被降到三甲第九十二名，几乎名落孙山。原因就是因为他不肯对主考官溜须拍马招致嫉恨。等到当上官，又因为敢于为民请命、严惩作奸犯科的权贵而受到排挤打击。人家当官前呼后拥，尽显官威；于谦当官便服一套、瘦马一匹。同僚并不以其为谦虚清廉，却说他坏了官场规矩。

公元 1449 年，蒙古军席卷南下，明英宗偏听全无军事常识的太监指划，结果土木堡一战，明朝最精锐的三大营，共约 20 万大军全军覆没，明英宗做了阶下囚。消息传到京城，有人主张南逃，有人主张投降。危急关头，于谦挺身而出，痛斥种种逃跑主义、投降主义，调集各路兵马保卫京城。

敌方以明英宗为人质，要明朝朝廷投降，否则就杀掉英宗。有人又主张献城投降以保英宗之命。于谦却义正词严地质问：到底国家民族重要，还是英宗的个人生命重要？坚决拒绝敌军最后通牒。于谦带领 22 万大军坚守京城，一次又一次打退敌人的进攻。蒙古军见死伤惨重捞不到半点好处，又顾虑中原毕竟国大力大，正所谓"烂船尚有三斤钉"，一个不小心被于谦反攻过来恐怕后果严重，于是不久便撤兵。

日后明廷派出使臣将英宗迎回。明英宗回朝后经过夺门之变重新登位。于谦为奸臣所害，尽管于谦有抗敌之功，却为给"夺门"寻个借口将于谦下狱，随即处死。一直到明英宗死后，明宪宗登位，才为了平息民愤收买人心，下令为于谦平反昭雪。

主政江西

于谦外出巡按江西，昭雪了被冤枉的几百个囚犯。他上书奏报陕西各处官校骚扰百姓，诏令派御史逮捕他们。皇帝知道于谦可以承担重任，当时刚要增设各部右侍郎为直接派驻省的巡抚，于是亲手写了于谦的名字交给吏部，越级提升为兵部右侍郎，巡抚河南、山西。于谦到任后，轻装骑马走遍了所管辖的地区，访问父老，考察当时各项应该兴办或者革新的事，并立即上书。一年上书几次，稍有水旱灾害，就立即上报。

正统年间，宦官王振专权，作威作福，肆无忌惮地招权纳贿。百官大臣争相献金求媚。每逢朝会期间，进见王振者必须献纳白银百两。而于谦每次进京奏事，从不带任何礼品。有人劝他说："您不肯送金银财宝，难道不能带点土产去？"于谦潇洒一笑，甩了甩他的两只袖子，说："只有清风。"于谦还特意写诗《入京》以明志：绢帕蘑菇及线香，本资民用反为殃。清风两袖朝天去，免得闾阎话短长！（闾阎泛指门户、人家里巷的门，此句的意思是免得被人说长道短。）此诗写成后远近传诵，为一时佳话。于谦如此刚正不阿，自然引起了宦官王振的极度不满。

正统六年（1441 年），于谦上书说："河南、山西各自储存了数百万谷物。请于每年三月，令各府州县上报缺粮的贫困户，把谷物分发给他们。先给菽秋，再给黍麦，再次给稻。等秋收后还给官府，而年老有病和贫穷无力的，则免予偿还。州县吏员任满应该提升时，储存预备粮达不到指标的，不准离任。并命令监察官员经常稽查视察。"皇帝下诏令照此执行。

河南靠近黄河的地方，常因水涨冲决堤岸。于谦令加厚防护堤，计里数设置亭，亭有亭长，负责督促修缮堤岸。又下令种树、打井，于是榆树夹道，路上没有干渴的行人。大同远在边塞之外，巡按山西的人难于前往，奏请另设御史管理。把镇守将领私自开垦的田全部收为官屯，用以资助边防经费。他的威望恩德遍布于各地，在太行山的盗贼都逃跑或隐藏起来。于谦在职九年，升任左侍郎，领二品官的俸禄，成为朝廷重臣。

当初，杨士奇、杨荣、杨溥主持内阁朝政，都很重视于谦。于谦所奏请的事，早上上奏章，晚上便得到批准，都是"三杨"主办的。但于谦每次进说商议国事时，都是空着口袋进去，那些有权势的心里难免不满。后来，"三杨"去世，太监王振掌权。

于谦入朝，推荐参政王来、孙原贞。通政使李锡逢迎王振的指使，弹劾于谦因为长期未得晋升而心生不满，擅自推举人代替自己，应该把他投到司法部门判处死刑。后来百姓听说于谦被判处死刑，一时间群情激奋，联名上书。王振便编了个理由给自己下台阶，称从前也有个名叫于谦的人和他有恩怨，说是把那个"于谦"和被关起来的于谦搞混了，才把于谦放出来，但是把于谦降职为大理寺少卿。

山西、河南的官吏和百姓俯伏在宫门前上书，请求于谦留任的人数以千计，周王、晋王等藩王也这样上言，于是再命于谦为巡抚。当时的山东、陕西流民到河南求食的，有20余万人，于谦请求发放河南、怀庆两府积储的粟米救济。又奏请令布政使年富安抚召集这些人，给他们田、牛和种子，由里老监督管理。于谦前后在任共19年，为百姓做了很多有益的实事，深得百姓的爱戴。

"土木之变"

1448年，于谦被召回京，任兵部左侍郎。1449年7月，也先大举进犯，王振支持皇帝亲征。于谦和兵部尚书邝埜极力劝谏，但皇帝不听。邝埜跟随皇帝管理军队，留于谦主持兵部的工作。待到明英宗在土木堡被俘，京师大为震惊，大家都不知道该怎么办。

郕王监国，命令群臣讨论作战和防守的方略。侍讲徐珵说星象有变化，应当迁都南京。于谦厉声说："主张南迁的，该杀！京师是天下的根本，一摇动，国家大计就完了。难道诸位忘了宋朝南渡的事吗？"郕王肯定了他的说法，防守的决策就这样定下来了。当时京师最有战斗力的部队、精锐的骑兵都已在土木堡失陷，剩下疲惫的士卒不到10万，人心惶惶，朝廷上下都没有坚定的信心。于谦请郕王调南北两京、河南的备操军，山东和南京沿海的备倭军，江北和北京所属各府的运粮军，立即奔赴顺天府，依次经营筹划部署，人心遂稍稍安定。随后，于谦升任兵部尚书，全权负责筹划京师防御。

在筹划备战方略同时，明朝廷臣呼吁严惩"土木之变"祸首王振及其余党的行动也已展开了。一日，郕王朱祁钰摄朝朝议时，右都御史陈镒上奏请求诛杀王振全族，廷臣一时纷纷响应。朱祁钰无法做决定，于是下令择时改议，廷臣则抗议不依。此时，王振党羽、锦衣卫都指挥使马顺站出叱斥百官。户科给事中王竑突然带头在朝廷上猛击马顺，众臣纷纷跟随，马顺当即毙命，一时血溅朝堂。于谦挤到郕王身前劝导道："马顺等人罪当死，请不要追罪于各位大臣。"众人听后方止。事后，在于谦退出左掖门时，吏部尚书王直握着于谦的手叹道："国家正是倚仗您的时候。今天这样的情况，即使是一百个王直也处理不了啊！"那时，朝廷上下都倚重于谦，于谦亦毅然以社稷安危为己任。

当初，大臣担忧国家没有君主，太子年幼，敌寇将至，请皇太后立郕王为皇帝，郕王再三推辞。于谦大声说："我们完全是为国家考虑，不是为个人打算。"郕王于是受命。九月，郕王即帝位为景帝，于谦进去回答问话，情绪激昂地哭着说："敌寇得意，要挟持扣留太上皇，这样形势下他们必然轻视中原，长驱南下。请命令各边境的守臣竭力防守遏制。并且应该命令工部制造器械盔甲。文臣武将各尽其用，各尽其责。至于军队里面的事情，我自己承担，没有成效就判我的罪。"他还举荐了重要官位上的几个人，对他的意见，皇帝全都认真地采纳了。

从此中原与也先开始了长久的激战。当初，也先部队深入，以为早晚就可以攻下京城，及至见到明朝官军严阵以待，有些丧气。叛变了的宦官喜宁教唆也先邀明朝大臣迎接太上皇，索取黄金和丝织品以万万计；又邀于谦及王直、胡濙等出城谈判。皇帝不准许，也先更加沮丧。

后来，也先部队窥伺德胜门。于谦令石亨率神机营在空屋里设下埋伏，派几个骑兵引诱敌人。敌人果然中计，损失惨重。相持了五天，也先的军队节节败退，知道不可能达到目的，又听说各地勤王的部队马上要到来，恐怕截断了他的归路，于是拥着太上皇由良乡向西去。于谦调各将领追击，到居庸关才回来。皇上论功行赏，加于谦少保、总督军务。于谦说："四郊多堡垒，是卿大夫的耻辱，怎么敢求取赏赐功劳呢！"坚决推辞，皇帝不准。于是增兵守真定、保定、涿州、易州等府州，请求用大臣镇守山西，防止敌寇南侵。

到了八月，太上皇被留在北方已经一年。也先见明朝没有什么事端，更想讲和，使者接连前来，提出把太上皇送回。大臣王直等商议派使者前往迎接，皇帝不高兴地说："朕本来不想登大位，当时是被推上来的。"于谦从容地说："帝位已经定了，不会再有更改，只是从情理上应该赶快把他接回来罢了。万一他真有什么阴谋，我就有话说了。"皇帝看看他便改变了面色说："听你的，听你的。"先后派遣了李实、杨善前往。终于把上皇接了回来，这都是于谦的功劳。

后来皇帝更看重于谦，凡是他所议论奏请的事没有不听从的。于谦为人耿直，也不躲避嫌疑怨恨。因此那些不称职的人都怨恨他，还有那些不像他那样被皇帝信用的，亦往往嫉妒他。当敌寇刚刚撤退时，都御史罗通立刻上奏章弹劾于谦登记的功劳簿不实在。各御史多次用苛刻的文辞上奏弹劾他。全靠景泰帝力排众议，他才得以尽量实现自己的计划。

于谦可谓是有勇有谋、不可多得的人才。然而除了智谋之外，更值得称道的还是他的品格。在当时的官场环境中，人人贪污纳贿，于谦却两袖清风，保持着高风亮节，这种"出淤泥而不染"的品格是值得青少年学习的。

第六节　向世界展现中国的勇武精神
——左宗棠

左宗棠，汉族，字季高，一字朴存，号湘上农人。晚清重臣，军事家、政治家、著名湘军将领、洋务派首领。左宗棠少年时屡试不第，后转而就读于长沙岳麓书院。遍读群书，钻研舆地、兵法。后来竟因此成为清朝后期著名大臣，官至东阁大学士、军机大臣，封二等恪靖侯。一生经历了湘军平定太平天国运动、洋务运动、收复新疆维护中国统一等重要历史事件。

操办洋务

1860 年，太平军攻破江南大营后，左宗棠奉诏以四品京堂衔候补，随钦差大臣、两江总督曾国藩襄办军务。1862 年，左宗棠组建中法混合军，称"常捷军"，并扩充中英混合军，先后攻陷金华、绍兴等地，升闽浙总督。1864 年 3 月，左宗棠攻陷杭州，控制浙江全境，被封为一等恪靖伯。随即，左宗棠奉命率军入江西、福建追击太平军李世贤、汪海洋部，至 1866 年 2 月将二人歼灭于广东嘉应州（今广东梅县）。

1866 年，左宗棠上疏奏请设局监造轮船，获准试行，即于福州马尾择址办船厂，派员出国购买机器、船槽，并创办求是堂艺局（亦称船政学堂），培养造船技术和海军人才。1867 年，左宗棠奉命为钦差大臣，督办陕甘军务，率军入陕西围剿西捻军。

陕甘任间，左宗棠继续从事洋务，创办兰州制造局（即甘肃制造局）、甘肃织呢总局（即兰州机器织呢局），后者为中国第一个机器纺织厂。这对中国近代的发展无疑有着举足轻重的作用。

面对左宗棠之死

在某一个夜晚，福州暴雨倾盆，忽听一声霹雳，东南角城墙顿时被撕裂一个几丈宽的大口子，而城下居民安然无恙。老百姓说，左宗棠死了，此乃天意，要毁我长城。

左宗棠死了，左公行辕标着"肃静"、"回避"字样的灯笼，已被罩以白纱的长明灯代替，沉重的死亡气息，压得人透不过气来。这盏盏白灯，宣告着时代强音的终结，这是一个奋起抗争、抵御外侮的时代，左宗棠是中流砥柱。而拥有"二等恪靖侯、东阁大学士、太子太保、一等轻骑都尉、赏穿黄马褂、两江总督、南洋通商事务大臣"等七个头衔的左宗棠，这个风光了半生的男人，终于退出了历史舞台。

法国人松了一口气。他们在攻占台湾岛，他们的军舰还在东海耀武扬威。左宗棠与他们摆开了决战的架势，发出了"渡海杀贼"的动员令。他们吃过左宗棠的大亏，知道他是雄狮。一头狮子领着一群羊，个个是狮子；而一群狮子被一头羊领着，个个就成了羊。左宗棠一死，便群龙无首了。

英国人松了一口气。英国领事在上海租界竖有"华人与狗，不许入内"的牌子，左宗棠发现，下令侍卫将其立即捣毁并没收，逮捕人犯。端坐在八人抬大轿中的左宗棠，身穿黄马褂，头戴宝石顶戴，三眼花翎，手执鹅扇，面容饱满，威严无比。只要他进入租界，租界当局立马换上中国龙旗，外国军警执鞭清道。左宗棠死了，就不需要对中国人那么恭谨有加了。

俄国人松了一口气。左宗棠把他们从新疆赶走，把他们侵占的伊犁收回，甚至用兵车运着棺木，将肃州行营前移几百公里于哈密，"壮士长歌，不复以出塞为苦"，准备与俄军决一死战。左宗棠一死，中国再没有硬骨头了。

李鸿章松了一口气。一个月前，他在天津与法国签订《中法会订越南条约》，这是中国军队在战场上取得重大胜利之后，签订的一个地地道道的丧权辱国条约,是世界外交史上空前绝后的奇闻。左宗棠领衔反对,说"对中国而言,十个法国将军,也比不上一个李鸿章坏事"。还说:"李鸿章误尽苍生,将落个千古骂名。"全国舆论哗然,群情激愤,弄得李二先生狼狈不堪,李鸿章恼怒这个湘人不懂中国国情,决定拿左宗棠的下属开刀,杀鸡给猴看。于是李鸿章指使亲信潘鼎新、刘铭传等陷害"恪靖定边军"首领王德榜、台湾兵备道刘璈,将他们充军流放。左宗棠上书为属下鸣冤叫屈,眼看就要翻过案来,左宗棠死了。好了,一了百了,主战派的旗帜倒了,躲在京城的李鸿章面对这个与自己争斗了30多年的政敌的死亡,终于松了一口气。他再也不用顾忌,可以放肆地弓着腰在世界列强面前周旋,抖抖索索地在不平等条约上签字画押了。

死,对于死者来说,是结束。但对活着的人,是一种绝望的痛苦。大清的中兴重臣,林则徐、曾国藩……一个一个地死了,茫茫九州,哪里还听得到复兴的呐喊?大清气数尽了。

左宗棠死了,有人幸灾乐祸,躲在阴暗角落里窃笑不止,反证了死者的强盛和伟大。左宗棠是真正的英雄,是爱国者,在民族危亡的时刻,拍案而起,挺身而出,肯定会要触犯一些人的私利。你要保家卫国,他要侵城掠地,而有的同僚甘愿当亡国奴,堂堂中华民族只剩下这强者的呐喊,他们怎么不会惧怕他呢?

中国历史上,有谁像左宗棠一样所向披靡,铁腕收复大片国土?苏武饮血茹毛,威武不屈;张骞关山万里,沟通西域;班超投笔从戎,西戎不敢过天山;祖逖闻鸡起舞,击楫中流;史可法慷慨殉国,魂傍梅花……他们留下的仅仅是一段段荡气回肠的故事,是仰天长啸的悲壮,是可歌可泣的精神,让后人无限景仰和唏嘘,而没有谁比得过左宗棠——给后人收复六分之一的大好河山,留下任我驰骋的广袤疆场。于是有人定论,左宗棠乃千古一人。

一生的光辉

左宗棠出佐湘幕，初露峥嵘，引起朝野关注，时人有"天下不可一日无湖南，湖南不可一日无左宗棠"之语，一些高官显贵在皇帝面前竞相举荐，咸丰皇帝亦给予了极大的关注。但也因此引起了一些人的嫉恨和诽谤，特别是湖南永州镇总兵樊燮的构陷，险些使左宗棠性命不保，幸得好友胡林翼、郭嵩焘等人的仗义执言，潘祖荫、肃顺等大臣的披沥上陈，才使一场轩然大波得以平息。

左宗棠1832年中举，1851年太平天国起义爆发后，由好友胡林翼保荐，先后入湖南巡抚张亮基、骆秉章幕下，为抵抗太平军多所筹划。1856年，因接济曾国藩部军饷以夺取被太平军所占武昌之功，命以兵部郎中用。1860年，太平军攻破江南大营后，随同钦差大臣、两江总督曾国藩襄办军务。曾在湖南招募5000人，组成"楚军"，赴江西、安徽与太平军作战。1861年太平军攻克杭州后，由曾国藩疏荐任浙江巡抚，督办军务。1862年，组成中法混合军，称"常捷军"，并扩充中英混合军，先后攻陷金华、绍兴等地，升闽浙总督。1864年3月攻陷杭州，控制浙江全境。论功，封一等恪靖伯。旋奉命率军入江西、福建追击太平军李世贤、汪海洋部，至1866年2月将其攻灭于广东嘉应州（今梅县）。镇压太平天国后，倡议减兵并饷，加给练兵。1866年上疏奏请设局监造轮船，获准试行，即于福州马尾择址办船厂，派员出国购买机器、船槽，并创办求是船政学堂，培养造船技术和海军人才。

时逢西北事起，旋改任陕甘总督，推荐原江西巡抚沈葆桢任总理船政大臣。一年后，福州船政局正式开工，成为中国第一个新式造船厂。1867年，奉命为钦差大臣，督办陕甘军务，率军入陕西攻剿西捻军。陕甘任间，继续从事洋务，创办兰州制造局和甘肃织呢总局，甘肃织呢总局是中国第一个机器纺织厂。

1874年5月，左宗棠以64岁的高龄被任命为钦差大臣，督办新疆军务。次年4月，左宗棠坐镇甘肃酒泉，收复新疆战役打响。1876 年,指挥多路清军讨伐阿古柏,次年 1 月占和阗,收复除伊犁地区外的新疆全部领土,阿古柏在绝望中服毒自杀。左宗棠随即上疏建议新疆改设行省,以收长治久安之效。1879 年中俄伊犁交涉时,抨击崇厚一任俄国要求,轻率定议约章,丧权失地,主张"先之以议论","决之于战阵"。1880 年春,在新疆部署兵事,出肃州抵哈密坐镇,命令三路大军并进,彻底击溃了阿古柏残余势力,收复大片国土。1881 年初,中俄《伊犁条约》签订,中国收回了伊犁和特克斯河上游两岸领土(霍尔果斯河以西地区和北面的斋桑湖以东地区却被沙俄强行割去)。左宗棠应诏至北京任军机大臣兼在总理衙门行走,管理兵部事务。左宗棠在新疆期间,为保证军粮供给,发展地方经济,曾大力兴办屯垦业,其功绩遗泽至今。

1881 年夏,左宗棠被调任两江总督兼南洋通商大臣。1884 年 6 月,奉召入京,再任军机大臣。时值中法战争,法国舰队在福州马尾发动突然袭击,福建水师全军覆灭,左宗棠奉命督办福建军务。11 月抵福州后,积极布防,并组成"恪靖援台军"东渡台湾。1885 年病故于福州。著有《楚军营制》,其奏稿、文牍等辑为《左文襄公全集》。

纵观左宗棠的一生,最辉煌的是收复六分之一的国土。这是他个人的荣耀和骄傲,更是国家之福。浙江巡抚、左宗棠的老友杨昌浚在清廷恢复新疆建省后到西域,所到之处,杨柳成荫,鸟鸣枝头,人来车往,百业兴旺,当即吟出一首《恭诵左公西行甘棠》:大将筹边尚未还,湖湘子弟满天山;新栽杨柳三千里,引得春风渡玉关。可见百姓对左宗棠的称颂。

第七节　有公足壮海军威
——邓世昌

邓世昌，汉族，原名永昌，字正卿。原籍广东东莞，生于番禺（今广州市海珠区）。清末海军杰出爱国将领，民族英雄。中日甲午战争时为致远号巡洋舰管带。1894 年 9 月 17 日在黄海海战中壮烈牺牲。谥壮节公，追封太子少保衔，其后人多为仁人志士。

献身大海表爱国

自古以来，牺牲在战场上，一直是爱国军人引以为自豪的志向。特别是那些明知死在眼前仍勇敢赴难的人，更令人崇敬。在中日甲午海战中牺牲的邓世昌就是这样的人。

1894 年 9 月 17 日，日本舰队突然袭击北洋水师舰队，一场海战打响了，这就是黄海大战。战斗中，担任指挥的北洋水师旗舰被击伤，大旗被击落，邓世昌立即下令在自己的舰上升起旗帜，吸引敌舰。他指挥的致远号在战斗中最英勇，前后火炮一齐开火，连连击中日舰。日舰包围过来，致远号受了重伤，开始倾斜，炮弹也打光了。邓世昌感到最后时刻到了，对部下说："我们就是死，也要死出北洋水师的威风，报国的时刻到了！"他下令开足马力向日舰吉野号冲过去，要和它同归于尽，这大无畏的气概把日本人吓呆了。

这时，一发炮弹不幸击中"致远"舰的鱼雷发射管，使管内鱼雷发生爆炸导致"致远"舰沉没。200 多名官兵大部分牺牲。邓世昌坠身入海，随从抛给他救生圈，他执意不接，爱犬"太阳"

飞速游来，衔住他的衣服，使他无法下沉。可他见部下都没有生还，狠了狠心，将爱犬按入水中，一起沉入碧波，献出了宝贵的生命。

邓世昌是我国最早的一批海军军官中的一个，是清朝北洋舰队中"致远"号的舰长。他有强烈的爱国心，常对士兵们说："人谁无死？但愿我们死得其所，死得值！"1894年，中国和日本之间爆发了甲午战争。邓世昌多次表示：如果在海上和日舰相遇，遇到危险，我就和它同沉大海！最后真的一语成谶。

邓世昌的一生

邓世昌生于富裕人家。少时随父移居上海，从西方人学习算术、英语。

少年时期，邓世昌目睹清政府腐败，任帝国主义瓜分、掠夺中国的土地、财富，逐渐萌发了反侵略的爱国思想。在随父漂泊上海的日子里，又亲眼看到外国兵舰在黄浦江上横冲直撞，胡作非为，更使他感到国家要有强大的海军，才能不受外人欺凌。

1867年6月，沈葆桢到福州马尾船政学堂任职。以制造轮船须培养造船人才，开办制造学堂；因法国长于制造，故应用法文教学。以驾驶轮船须培养驾驶人才，开办驾驶管轮学堂；因英国长于驾驶，故应用英文教学。这两个学堂与船厂同时兴办，所招学生都是福建省本地人，有严复、林永升、陈锦荣、黄建勋等。

船政第一次招考学生后，又从广东招来已学过英语，并且基础较好的学生邓世昌、叶富、李田、卓关略等十余人。邓世昌少年时就聪颖好学，有雄才大略。1868年，他怀着救国的志愿，以各门课程考核皆优的成绩考入福州船政学堂学习航海，成为该学堂驾驶班第一届学生。他在福州船政学堂毕业后，1871年被派到"建威"舰练习驾驶，随船巡历南洋各岛。1874年被任命为"琛海"兵船大副，以后历任"海东云舰"、"振威舰"、"飞霆舰"等兵船管带。1879年，李鸿章筹办北洋海军，他被调到北洋海军，任"镇南"炮船的管带。时值日军侵台，邓世昌奉命扼守澎湖、基隆等要塞，得补千总。又调任振威炮舰管带，代理"扬武"快船管驾，升守备，加都司衔。

1880 年李鸿章为建设北洋水师而搜集人才，因邓世昌"熟悉管驾事宜，为水师中不易得之才"而将其调至北洋属下，先后担任"飞霆"、"镇南"蚊炮船管带。同年冬天北洋在英国定购的"扬威"、"超勇"两艘巡洋舰完工，丁汝昌水师官兵 200 余人赴英国接舰，邓世昌随往。1881 年 11 月安然抵达大沽口，这是中国海军首次完成北大西洋——地中海——苏伊士运河——印度洋——西太平洋航线，大大增强了中国的国际影响，邓世昌因驾舰有功被清廷授予"勃勇巴图鲁"勇名，并被任命为"扬威"舰管带。

1887 年春，邓世昌率队赴英国接收清政府向英、德订造的"致远"、"靖远"、"经远"、"来远"四艘巡洋舰，是年底回国。归途中，邓世昌沿途安排舰队操演练习。因接舰有功，升副将，获加总兵衔，任"致远"舰管带。1888 年，邓世昌以总兵记名简放，并加提督衔。是年 10 月，北洋海军正式组建成军，邓世昌升至中军中营副将。1891 年，李鸿章检阅北洋海军，邓世昌因训练有功，获"葛尔萨巴图鲁"勇名。1894年 9 月 17 日在中日甲午黄海海战中壮烈牺牲。

邓世昌牺牲后举国震动，光绪帝垂泪撰联"此日漫挥天下泪，有公足壮海军威"，并赐予邓世昌"壮节公"谥号，追封"太子少保"，入祀京师昭忠祠，御笔亲撰祭文、碑文各一篇。李鸿章在《奏请优恤大东沟海军阵亡各员折》中为其表功说："邓世昌、刘步蟾等之功亦不可没者也。"清廷还赐给邓母一块用 1.5 公斤黄金制成的"教子有方"大匾，拨给邓家白银 10 万两以示抚恤。威海卫百姓感其忠烈，于 1899 年在成山上为邓世昌塑像建祠，以志永久敬仰。1996 年，中国人民解放军海军命名新式远洋综合训练舰为"世昌"舰，以示纪念。

第 4 章

追根求源，源源不断

——航天英雄的创新人生

今人与古人一样，对浩渺苍穹充满敬畏，渴望主宰生死，乃至想与整个宇宙的力量建立联系，而载人航天事业实现了世人的这一梦想。载人航天是一个国家硬实力与软实力的综合体现，它注定是一种里程碑式的工程，通过不断突破的科技吸引国民和世界的目光。

第一节　太空飞行第一人
——加加林

　　尤里·阿列克谢耶维奇·加加林，世界第一名航天员，苏联英雄，苏联红军上校飞行员，是第一个进入太空的地球人。加加林生于苏联斯摩棱斯克州格扎茨克区的克卢希诺镇一个集体农庄庄员家庭，白俄罗斯人。1955年从萨拉托夫工业技术学校毕业后参军。1957年在契卡洛夫第一军事航空飞行员学校结业，成为红旗北方舰队航空兵歼击机飞行员。1960年被选为航天员，加入苏联共产党。1968年3月27日因飞机失事遇难。

细节带来成功

　　1949年当加加林15岁的时候，他停止了中学的学业，并进入工厂工作，以便尽早地从经济上帮助他的父母。翻砂车间的工作是繁重的。它不仅需要知识和经验，而且需要体力。这对于年仅15岁的人来说绝不是一件轻松的事。然而年轻的加加林依然每天坚持去工人夜校学习。

　　1951年，他以优异成绩毕业于柳别尔齐职业中学，成为受训冶金工人，并继续在萨拉托夫工业技术学校学习。加加林的飞行员生涯就是从萨拉托夫开始的，他加入了萨拉托夫航空俱乐部，业余时间学习飞行。1955年以优异成绩从工业技术学校毕业后进了航空学校，开始在奥伦堡航空军事学校学习飞行，1957年参加苏联军队，并成为苏联北海舰队航空军团的一名歼击机飞行员。

　　1959年10月，苏联首位宇航员的选拔工作在全国展开，加加林从 3400 多名 35 岁以下的空军飞行员中脱颖而出,成为 20 名入选者中的一员。并于 1960 年 3 月被送往莫斯科,开始在苏联宇航员训练中心接受培训。在训练中,加加林凭借其坚定的信念、优秀的体质、乐观主义精神和过人的机智成为苏联第一名宇航员。他在 20 多名候选宇航员中脱颖而出,原因是多方面的,但无疑一个细节帮了他不小的忙。

原来,在确定人选前一个星期,主设计师科罗廖夫发现,在进入飞船前,只有加加林一人脱下鞋子,只穿袜子进入座舱。这一举动使加加林一下子赢得了科罗廖夫的好感。科罗廖夫说,他感到这位青年如此懂规矩,又如此珍爱他为之倾注心血的飞船,于是他更偏爱于加加林。脱鞋虽然是生活和工作的一个小细节,但这个细节却能折射出一个人的严谨和敬业精神。加加林因为这个细节,为他的成功加上了重重的砝码。这在另一方面也证明了一个道理,细节导致成功,这是一种看似偶然性的必然性。因此我们要想成功,就不应忽视细节。1960 年,加加林加入苏联共产党。

1961 年 4 月 12 日莫斯科时间上午 9 时 07 分,加加林乘坐东方 1 号宇宙飞船从拜克努尔发射场起航,在最大高度为 301 公里的轨道上绕地球一周,历时 1 小时 48 分钟,于上午 10 时 55 分安全返回,降落在萨拉托夫州斯梅洛夫卡村地区,完成了世界上首次载人宇宙飞行,实现了人类进入太空的愿望。他驾驶的东方 1 号飞船成为世界上第一个载人进入外层空间的航天器。就在他 108 分钟的飞行过程中,加加林由上尉荣升为少校。

加加林完成了史无前例的宇宙飞行后,全世界都对他挥手致敬,莫斯科以极其隆重的仪式欢迎凯旋的航天英雄:礼炮在轰鸣,欢腾的人群在喊叫,豪华的护送队,为加加林加冕大大小小的国家勋章。在这次历史性的飞行之后,加加林荣获列宁勋章并被授予"苏联英雄"和"苏联宇航员"称号,并曾多次出国,访问过 27 个国家,22 个城市授予他荣誉市民称号。1962 年,加加林当选为第六届苏联最高苏维埃代表。1964 年 11 月任苏联—古巴友好协会理事会主席。

不幸遇难

正当加加林对未来充满信心的时候，灾难发生了。1968年，他和飞行教练员谢廖金在一次例行训练飞行中，因一架双座喷气式飞机坠毁而罹难。灾难发生的这一天，加加林按计划要驾驶米格-15歼击教练机飞行两次，每次半小时。10时19分，飞机升空。10时30分，加加林把空域作业的情况报告飞行指挥，请求准许取航向32°返航。此后，无线电通信突然中断。1分钟后，飞机一头栽到地上。

事故发生后，政府成立了事故调查委员会。经过认真分析研究后认为："1968年3月27日飞机飞行准备工作完全是按照现有技术操作规程的要求进行的。"调查委员会查明了飞机与地面相撞时的状态。当时，飞机在两层云带空域里飞行，看不见地平线。返航时，本应从70°航向向320°航向下降转弯，后来一定发生了某种突发事件，使飞机处于临界状态。飞机飞出低层云，航迹倾斜角达到70°到90°，飞机几乎是垂直俯冲下来，加加林和另外一位飞行员密切配合，想尽最大努力使飞机退出俯冲状态，但当时飞行高度只有250-300米，时间也只剩2秒钟了，他们没有成功。年仅34岁的加加林就这样离开了人世，以至于人们都不相信他真的牺牲了。

加加林死后，其骨灰被安葬在克里姆林宫墙壁龛里，他的故乡格扎茨克被命名为加加林城，他训练所在的宇航员训练中心也以他的名字命名。为纪念加加林首次进入太空的壮举，俄罗斯把每年的4月12日定为宇航节，在这一天举行隆重的纪念活动，缅怀这位英雄人物。国际航空联合会设立了加加林金质奖章。月球背面的一座环形山也是以他的名字命名的。加加林成为宇宙时代的象征。

2011年3月31日，工作人员在位于哈萨克斯坦境内的拜科努尔发射场总装车间对俄罗斯"联盟TMA-21"载人飞船进行总装。俄罗斯"联盟TMA-21"载人飞船4月1日总装完毕。据俄罗斯联邦航天署发布的消息，飞船于当地时间4月5日凌晨发射升空。由于此次发射临近苏联宇航员尤里·加加林实现人类首次太空飞行50周年，飞船特别被命名为"加加林"号。由此看来，"加加林"的名字和事迹已经具有了划时代的意义。

第二节　个人一小步，人类一大步
——阿姆斯特朗

尼尔·奥尔登·阿姆斯特朗生于俄亥俄州瓦帕科内塔，1955 年获珀杜大学航空工程专业理学硕士学位，1949 ~ 1952 年在美国海军服役（飞行驾驶员）。阿姆斯特朗是第一个登上月球的宇航员，2012 年 8 月病逝。

第一名平民宇航员

从普渡大学毕业后，阿姆斯特朗决定当一名试飞员。他向爱德华空军基地的德莱顿飞行研究中心递交了申请，但当时没有名额，他被安排到了克里夫兰的格伦研究中心，1955 年 2 月正式开始试飞工作。5 个月后，阿姆斯特朗去了爱德华空军基地。在爱德华空军基地的第一天，阿姆斯特朗就被安排了飞行任务，他的前几次任务是驾驶改装的轰炸机投放跟踪机。

1957 年 8 月，阿姆斯特朗首次驾驶超音速 X-1B 型飞机，飞行高度为 18300 米。降落时起落架被损坏，由于设计问题之前类似损坏已发生多次。1960 年 12 月，阿姆斯特朗首次飞 X-5，之后又飞了六次。第一次飞行中他达到了 14900 米的高度，2144 千米 / 小时。1960 年 11 月，他被选入 X-20"动力倍增器"飞机的飞行员顾问小组，X-20 的设计思路是要成为一种能在太空中使用的战斗机。1962 年 3 月 15 日他被选为这个计划的六名飞行工程师之一。

阿姆斯特朗前后飞七次 X-15，驾驶 X-15-3 达到了约 63000 米的高度，驾驶 X-15-1 达到了 6615 千米／小时的速度。离开飞行研究中心时，他已飞过两百多个机型，飞行时间达到了 2450 小时。

阿姆斯特朗成为一名宇航员并不是因为某一个决定性的瞬间。航空航天局开始选择第二批宇航员四到五个月后，他对阿波罗计划的前景越来越感到兴奋，希望能有新的挑战。

事后很多年才被发现的是，阿姆斯特朗的申请表比 1962 年 6 月 1 日的截止日期晚了一个星期才到。阿姆斯特朗在爱德华基地的同事迪克·戴当时已经在载人航空中心工作，发现了一份迟到的申请，趁没人注意把文件悄悄塞进了其他申请表中。6 月，阿姆斯特朗在布鲁克斯空军基地接受了一次健康检查，很多宇航员都认为这个测试较为痛苦并且没什么大用。

1962 年 9 月 13 日，飞行任务成员办公室主任迪克·斯雷顿给阿姆斯特朗打了电话，询问他是否有兴趣成为新的九名宇航员之一，阿姆斯特朗毫不犹豫地同意了。宇航员的人选三天后才公布，虽然报纸中几个月前就已经报道他会被选为"第一名平民宇航员"。

飞向月球

阿波罗 11 号发射时，阿姆斯特朗的心率达到每分钟 109 下，对他来说发射的第一阶段尤其吵——比双子星 8 号的发射要吵得多。相对于双子星航天器，阿波罗太空舱要略大一些；但很幸运，三人都没有患其他宇航员曾遇到过的太空适应综合征。阿姆斯特朗特别高兴，他小时候曾晕车，大量的翻转动作后可能会出现晕眩。

阿姆斯特朗的目的仅仅是安全地降落，而没有一个特别的降落点。由于相对宽松的降落要求，阿姆斯特朗对登月的具体地点也不是特别在意。降落点火三分钟后，他发现登月舱提前两秒飞越了指定的环形山，意味着登月点将偏离计划中的位置好几英里。登月舱"鹰号"的降落雷达找到目标后，出现了几次错误。第一次是 1202 号错误，虽然任务前进行了大量的训练，阿姆斯特朗和奥尔德林仍不记得代码代表的错误。对于阿姆斯特朗来说警报声大作更多的是一种干扰而并不使他特别担心；之前的试飞员生涯使他明白只要仪器还在正常工作，探测器还在获得数据，就没有必要放弃任务。1202号警报（以及后来的1201号警报）是由登月舱电脑的演算溢位。

阿波罗11号登月的一个插曲就是降落时只剩下够几秒钟用的燃料了。其实，阿姆斯特朗对燃料并不是特别担心；他在训练时多次使用登月训练机在只剩不够15秒用的燃料时安全降落。他相信哪怕登月舱在离地15米时燃料用尽都没有问题。任务后的研究显示登月舱当时还剩下够50秒用的燃料。

1969年7月20日20点17分39秒成功降落后，阿姆斯特朗对指挥中心和整个世界说的第一句话是"休斯敦，这里是静海基地。'鹰'着陆成功。"作为庆祝，奥尔德林和阿姆斯特朗只是握了一下手，拍了拍对方的肩膀就迅速开始登月后的任务步骤。由于对降落后可能的突发事件不确定，任务计划中两位宇航员需要在着陆后立刻做好紧急情况下迅速起飞的准备。

航空航天局的正式任务计划安排两位宇航员在走出登月舱前先休息一会儿。两人都不是很累，于是阿姆斯特朗询问是否可以将月表行走提前到（休斯敦时间的）傍晚。准备停当，登月舱被减压，舱门打开，阿姆斯特朗缓慢地扶着梯子走下了登月舱。1969年7月21日凌晨2点56分，阿姆斯特朗的左脚踏上了月球，并说："这是一个人的一小步，却是人类的一大步。"他们在月球上度过21个小时，21日从月球起飞，24日返回地球。同年获总统颁发的总统自由勋章。

2012年8月，阿姆斯特朗因心脏搭桥手术后的并发症逝世，享年82岁。美国总统奥巴马27日下令，全国将在首位成功登月的宇航员阿姆斯特朗葬礼举行之日全天降半旗，向这位传奇人物寄托哀思。阿姆斯特朗逝世消息公布之后，美国及世界各地民众也通过各种方式缅怀这位登月先驱。美国航天局月球科学研究所则通过网络呼吁大众"对月亮眨眨眼睛向他致敬"。

2012年9月14日，美国航天局宣布，美国海军当天为上月逝世的登月第一人阿姆斯特朗举行海葬，其骨灰被撒入大西洋。海葬仪式在美国海军"菲律宾海"号导弹巡洋舰上举行，出席者包括阿姆斯特朗的遗孀卡萝尔·阿姆斯特朗，其子女以及其他亲属、密友。"菲律宾海"号当天降半旗驶出母港佛罗里达州梅波特后，卡萝尔向舰长史蒂夫·史内格移交了阿姆斯特朗的骨灰。在牧师祈祷后，伴着3声礼炮，阿姆斯特朗的骨灰被撒入大西洋。此前一天，美国国家大教堂已举行仪式，悼念阿姆斯特朗。

从如此声势浩大的葬礼我们可以看出阿姆斯特朗对美国以及对全人类的巨大贡献，他的功绩是不可抹杀的。

第三节 "宇航员"的荣誉不只属于男人——捷列什科娃

瓦莲京娜·弗拉基米罗夫娜·捷列什科娃生于1937年，她是世界第一名女航天员，苏联英雄，苏联空军少将，人类历史上进入太空的第一位女性。她还是技术科学副博士，两次被授予列宁勋章；荣获联合国和平金奖以及世界许多国家授予的高级奖章，是世界上十几个城市的荣誉市民；月球背面的一座环形山以她的名字命名。目前捷列什科娃还在继续积极地从事社会活动，希望能参加火星探险。

第一位女宇航员

茫茫宇宙，无尽太空，充满了多少未知与神秘，激起了人类无数的幻想，期盼着能有一天可以畅游其间，体会那一片虚空中的真实。随着第一位宇航员加加林的升空，人们朝着幻想终于走出了第一步，迄今为止已有相当多的宇航员乘坐宇宙飞船离开了地球，有的甚至将足迹印上了另一个星球——月球。然而，由于宇宙飞行对体力、智力的严格要求，以及飞行过程中充满的不确定性和危险性，在相当长的一段时间内，"宇航员"的荣誉只能属于男人。

首次打破男人对宇航员垄断的是瓦莲金娜·捷列什科娃，世界上第一位女宇航员。

捷列什科娃出生在远离莫斯科的雅罗斯拉夫城，它是苏联最美的城市之一。她的母亲在第二次世界大战中成了遗孀，当时她只有 26 岁，和苏联的两千名寡妇一样，在一家工厂工作，抚养着三个孩子。小捷列什科娃在一家纺织厂干活，晚上则去夜校学习，儿时的梦想是当一名工程师，出于爱好，她还在当地的航空俱乐部练习跳伞。

1961 年，尤里·加加林成为世界上第一名宇航员，捷列什科娃如同所有的苏联姑娘那样，将加加林作为自己心中的偶像。她和航空俱乐部的女友们一起联名给有关部门写了一封信，强调男女平等，并呼吁派一位女子登上太空。令她惊喜的是，没过几天，所有在信上署名的姑娘都被邀请去莫斯科。在莫斯科，集合了许多来自全国不同地区的姑娘，大家的目标是一致的：成为太空第一位女宇航员。

考核是严格的，经过了三个月的各种类型的试验，有医学、体育，还有特殊使命方面的，经过层层筛选，幸运女神降临在了捷列什科娃的头上。当听到自己的名字时，捷列什科娃的心里顿时充满了无比的兴奋以及征服太空的信心。

从被选中到第一次执行太空飞行任务，中间又过去了两年。在这段时间内，捷列什科娃接受了种种宇航员所必需的严酷训练，终于赢来了振奋人心的时刻。

作为第一位女宇航员，捷列什科娃是这样回忆自己的首次太空飞行的：

"我稳坐在宇宙飞船的密封舱内，没有想到自己的家庭，也没有想过是否能返回地球。我脑子里只装着未来二十四小时内承担的使命和责任：拍照片、拍电影、做科学实验。但是，最值得一提的是，当我在太空中看到无比壮观的地球时，实在抑制不住内心的激动，我对它产生深深的眷恋。我向这颗美丽的星星——

地球提出延长在太空逗留的时间，领导批准我绕地球运转四十八圈。我飞行了 70 小时 50 分钟，航行约 200 万公里，这是我一生中最大的幸福。"

但使她闻名世界的宇航飞行险些酿成一场悲剧。她在讲述飞行经历时指出："在宇宙飞船上曾出现差错：本来是降落，但却向轨道方向上升。这样的话，我不可能返回地面。但是，我及时发现了这一问题并做了汇报。专家列出了正确的数据。于是，我成功降落地面。"

捷列什科娃微笑着回忆起她返回地球时的场景："我降落在一片空地上，顷刻间、有成千上万的人向我涌来。他们向我献花，赠我礼品。我的女儿和母亲不停地亲吻我。我所需要的正是人们的爱。"

就在这次航天飞行后，捷列什科娃和加加林及其他航天员成了好朋友，并一直保持友谊，不时地聚会。就这样，她实现了自己的梦想。

中国行

那次飞行是捷列什科娃一生中唯一的太空之旅。为了更专心地从事挚爱的航天事业，她辞去了俄罗斯政府下属的国际科学和文化合作中心主任的职务，现任俄罗斯加加林航天员培训中心高级研究员。她被誉为"民族英雄"、"世纪女性"，获得联合国和平金奖、列宁勋章、齐奥尔科夫斯基奖章等，是世界上十几个城市的荣誉市民，月球背面的一座环形山也以她的名字命名。捷列什科娃感慨地说："我感到很幸福，因为我曾有幸成为人类最早开拓航天道路的一员。尽管历尽千辛万苦，但看到那么多人踏上我们开辟的道路，真让人欣慰。"

"神舟"五号飞船成功发射后，捷列什科娃来中国参观了中国科技馆和中国航天员科研训练中心。她说，杨利伟的太空之行是中国在航天科技领域取得的伟大成就。谈到中国曾有计划选拔女航天员时，捷列什科娃眼睛亮了："我知道中国有'妇女能顶半边天'的说法。我充分相信在不久的将来，太空将迎来美丽的中国姑娘！"而现在，中国的刘洋乘"神舟九号"实现了捷列什科娃美好的预言。

她建议：未来的中国女航天员"做好地面的训练至关重要"，"太空工作是在失重条件下进行的，十分复杂而紧张，随时可能出现许多不可预见的情况，因此必须做好充分准备……太空不会优待妇女，她们的工作条件与男性完全一样"。

其实任何努力和成就都是来之不易的，它需要我们去奋斗，去争取，无论在多么恶劣的条件下都要勇敢坚持，绝不放弃。这样才能实现自己的梦想，成为生活的强者。

第四节　现代航天之父
——冯·布劳恩

韦纳·冯·布劳恩出生于德国。第二次世界大战期间，他就是德国著名的火箭专家，对 V-1 和 V-2 飞弹的诞生起了关键性作用。大战结束之际，布劳恩及其科研班子投降美国，1955 年他取得了美国国籍。布劳恩继续在美国从事火箭、导弹和航天研究，曾获得一系列勋章、奖章和荣誉头衔。1969 年，他领导研制的"土星号"巨型火箭，将第一艘载人飞船"阿波罗 11 号"送上了月球。1981 年 4 月首次试飞成功的航天飞机，当初也是在布劳恩手里发端的。因此，他被称誉为"现代航天之父"。1977 年 6 月，布劳恩病逝于华盛顿亚历山大医院。

一步步靠近航天梦

冯·布劳恩征服宇宙的热情可以溯源到母亲的影响，他的母亲埃米·冯·布劳恩男爵夫人是一个出色的业余天文学爱好者。她出身于瑞典一个德国贵族世家，是一位很有教养的女士，能熟练地用六种语言会话。当儿子在路德派教堂行坚信礼时，她不是按惯例给他金表，却给了他一个望远镜。冯·布劳恩说："于是，我也成了一个业余天文爱好者，从而对宇宙产生了兴趣，并进而对有朝一日能把人送上月球的飞行器产生了好奇心。"

1931年夏天，冯·布劳恩暂时离开柏林和火箭发射场，到瑞士苏黎世的联邦工学院去深造。在这里，他结识了美籍医科学生康斯坦丁·D·杰纳勒尔兹，这个人后来成了他的毕生之友。布劳恩谈起未来的太空人必须承受很大的加速度时，康斯坦丁断定，要测定一个生物能承受多少重力加速度，唯一的办法是把生物置于离心机之中。不久，这两个学生就积极准备这项太空医学研究计划，这在全世界也许还是头一次。他们用老鼠做实验，要不是女房东威胁布劳恩："如果不立即停止实验，就要把他赶出去"，这两个年轻的研究人员还不知要做出什么惊人的举措。

1932年春，回到柏林的冯·布劳恩以航空工程学士学位毕业于夏洛滕堡工学院。1934年，这位22岁的学生科学家以物理学博士学位毕业于柏林大学。1936年，布劳恩找到了合适的导弹试验基地——佩内明德，开始研究新的武器计划A4计划，即后来命名为V—2的导弹。1939年3月23日，冯·布劳恩第一次见到了希特勒。布劳恩曾经听说，希特勒对现代技术和复杂的机器颇感兴趣。冯·布劳恩可以想象得到，没有希特勒站在他们一边，他们将会遇到许多难题，由于他在V-2火箭方面的成绩，在几年可怕的战争之后，希特勒授予他荣誉教授称号。1942年10月3日V-2首次发射成功。

当时，德国正在崩溃，同盟国节节胜利，冯·布劳恩则四处奔走，忙于进行一次几乎是不可能的撤退，以免有关人类将来征服宇宙空间的各种计划方案落入外人手中。不管有什么危险，不管付出什么代价，必须在几天之内，把全体人员和智囊团、大量的技术报告、设计图、专利品、蓝图和工程图纸撤出来。他说："我要不是这样的话，我想我就会成为老朽，我的脑子就会不管用，我就会退化……"

在空袭过程中，他只能在医院束手无策地等待空袭结束，这真是折磨神经的痛苦经历，他一手策划了整个佩内明德研制班子向美国人的投降行动。当他的国家——不管是对还是错——处于战争状态时，他已经做出最大努力，尽了他自己认为是"爱国"的义务，帮助它取得了一种强有力的新式武器。既然大局已定，这一切已成为过去，他认为自己新的义务就是从德国崩溃的废墟上，把对将来征服宇宙空间极其宝贵的研究成果拯救出来，并献出他的本领，自愿地为美国服务。

载人进入深层空间

在美国决定对月球进行载人探险的日子里，对宇宙飞行和蓬勃发展的技术革命的哲学研究——即人类想要从事令人敬畏的征服宇宙活动的原因已经可以阐述得一清二楚了。在大多数美国人看来，开端与其说是吉利的，不如说是轻率的。肯尼迪总统宣布美国将在"这个十年内"实现载人月球着陆时，并不是为了科学目的，而是出于政治上和军事上的原因。苏联在空间科学方面的进步使美国人丢脸，美国需要用这种方法来提高人民的信心。

布劳恩有时不耐烦地抱怨："我常常听到这样的问题，'我们为什么要搞人造卫星？''你们为什么要到月球上去？'提出这些问题完全无视人类生存的主要动机。事情很简单，我们掌握了技术手段，可以从事这些富有挑战性的工作。人类在重大的挑战面前从来是不示弱的。因此，真正的问题应该是'我们为什么不这样做呢？'宇宙飞行意味着把人类的活动扩大到他自己居住的行星范围之外。"他还说：每个人都可以多讲一点道德学。

人类一切科学上和工程上的努力，除非在与技术革命规模相称的道德标准范围内进行和利用，否则都是徒劳。技术越是进步，对人类的影响越是至关重大，如果世界的道德标准不能随着技术革命的进展而提高，世界就会产生大混乱。许多人并不希望我们搞大规模的航天计划，因为社会也要跟着遭受各种副作用之害。有人问我们努力想飞到月球和其他行星上去的目的时，我们也可以用法拉第被问及他研究电磁感应的目的时所提出的不朽反问来回答："一个新生婴儿出生的目的是什么？"

冯·布劳恩还能用通俗易懂的话把人类为什么热心于征服空间的理由解释得一清二楚。在一次聚餐会上，一位面容严厉的副主祭说："亚拉巴马两年来的旱灾，把我们的庄稼全毁了。你们用火箭把天上的云打得百孔千疮，把雨都弄干了，你们什么时候才住手呢？"布劳恩站起来说："我知道，你对圣经很熟悉，对雅各的天梯故事也很熟悉。天使们在天梯上爬上爬下。我们也是如此，如果上帝不让我们在他的宇宙里上上下下，他只要把天梯推倒就行了。"当时的掌声震耳欲聋。

1957年苏联成功地发射了第一颗人造卫星，这令美国公众万分震惊，许多人担心，他们下一步大概要扔炸弹了。苏联第二颗人造卫星被送入轨道，引起了对艾森豪威尔政府在航天时代故步自封的大量批评。公众的呼声发展成咆哮、怒吼。冯·布劳恩终于可以放手大胆实行他的航天计划了，他终于用丘比特－C火箭成功地把"探险者号"送入太空。亨茨维尔街道上载歌载舞，艾森豪威尔总统向冯·布劳恩颁发美国公民服务奖，到处都安排了庆祝活动，韦纳·冯·布劳恩成了一位民族英雄。

后来，冯·布劳恩博士的班子转到国家航空航天局，发展大型"土星号"航天火箭。有了"土星号"这样巨大的运载火箭，可能还会有核动力用来进行深层空间飞行，冯·布劳恩对月球，甚至对火星进行载人探险的幻想就有可能实现了。

世界进入了一个新时代，航天时代到来了。冯·布劳恩办公室收到很多火箭爱好者的大量来信，大部分是青年寄来的。1959年11月16日，在华盛顿谢拉顿花园旅馆召开的美国火箭协会会议上，他终于决定为青年以及他们的实际火箭技术训练大声疾呼。他说："青少年如饥似渴地追求知识，对那些能满足这种追求的人应该是一种鼓舞，对那些应该提供教育手段的人应该是一种挑战。""教育是社会进步的保证，不要忘记，赛跑快者夺标，打仗强者得胜。"

1969年7月，通过一系列努力，布劳恩终于使人类登上了月球，许多人评论这是历史上最伟大的成就，人类最美妙的时刻。

到 20 世纪 70 年代初，布劳恩以不懈的努力使阿波罗计划圆满成功。1972 年 7 月，他辞去公职以后，平生第一次为一家私人公司工作。他期望把他的大部分时间和努力用于促进各种技术计划的发展——从野生动物保护到海洋污染，乃至于提高海洋学和生态学的研究水平。

只要你敢想敢干就没有什么做不到。布劳恩通过自己的不懈努力终于实现了自己的梦想。或者说，他的梦想也是整个国家甚至全人类的梦想，因为一种技术的进步，有时候带动的往往是整个世界的发展进步。作为当代的青少年也应该尽量把自己的梦想放大、眼光放长远，这样才能使自己的梦想和人生更有意义。

第五节　海王星的发现者
——勒威耶、亚当斯

约翰·库奇·亚当斯，英国数学家、天文学家，海王星的发现者之一。剑桥大学圣约翰学院毕业，曾任圣安德鲁斯大学、剑桥大学教授，英国皇家学会会员，精通数学、天体力学。与勒威耶同时用数学方法推算出当时尚未发现的海王星位置。研究了地球磁场和狮子座流星群的轨道。还比拉普拉斯更精确地描绘了月球的运动。1851 年当选为英国皇家天文学会会长，1861 年任剑桥天文台台长。

勒威耶（1811～1877 年），法国天文学家，1811 年 3 月 10 日生于诺曼底的圣洛。1831 年毕业于巴黎工艺学校，早年从事化学实验工作，1837 年任母校天文教师，开始研究天体力学，并任巴黎工艺学校天文教师；后两度出任巴黎天文台台长。他于 1846 年 8 月 31 日用数学方法推算出了海王星的轨道并预告它的位置，并因此获得英国皇家学会的柯普莱奖章，还受到恩格斯的高度赞誉。

不谋而合的结果

在众多著名的天文学家里，有两个名不见经传的后辈——亚当斯和勒威耶。

1841 年 7 月，22 岁的大学生亚当斯在剑桥附近书店看书时，读到了格林尼治天文台台长艾里关于天王星行动异常的报告。尚未毕业的亚当斯对这个问题产生了极大的兴趣，他在日记里写道："天王星为什么行动失常？是否由于外面还有一颗未知的行星？我将努力去研究它！"

他马上开始了对天王星运行轨道的计算。1843 年末得出初步结果——天王星的不规则运动来自一颗未知行星。又经过两年的反复思考和计算，他推算出这颗行星在天空中的轨道、质量和当时的位置。

这是一个惊爆性的假设。亚当斯马上将其结果报告给英国皇家天文台台长艾里。请求他用天文台的大型望远镜来观测这颗行星。也许对年轻人的结果不甚信任，也许亚当斯的理论让他不能信服，总之这位台长只是向亚当斯写了封回信，而没有组织天文台研究人员进行观测和寻找。

在亚当斯的报告待在艾里的抽屉里的时候，1845 年法国巴黎工科大学教师勒威耶也同时在紧张地对天王星的轨道运动进行推算和研究。他得出和亚当斯一样的结论——天王星不规则的越轨现象是由一颗未知行星的摄动造成的，并且他也算出了这颗行星的位置。1846 年 8 月 31 日，在亚当斯之后 10 个月，他将自己的报告寄给德国柏林天文台的天文学家加勒，报告自己的发现并请他进行观测。他在信中十分肯定的写道："先生，您将看到这颗捣乱的行星只可能存在于黄道内的一个位置上。"

勒威耶运气不错，敏感的加勒对于观察事宜十分积极，在接到信的 9 月 23 日晚上，立即组织人力，用天文台最好的望远镜对勒维耶预言的天区进行监测。并于第二天凌晨，在勒维耶所预言的那一点以外52′的地方，发现了一颗星图上没有的八等星——那是一颗小小的蓝色星星。夜间，他们继续观测，又找到了这颗星——它的位置后退了大约70角秒。这一点微微的移动证明该天体不是一颗恒星。

这个太阳系新成员的发现震撼了世界，在70年中，人类先是观察到一颗行星（天王星），然后通过天文学家的笔计算出另外一颗，更有意义的是这颗星星是先在笔尖被预测出来的。海王星的发现，证明了行星运动理论的正确性。

亚当斯听说这一结果后，马上披露了自己的研究，声称自己在勒威耶之前就计算出海王星的存在，只是他的研究文稿被艾里束之高阁。而德国柏林天文台宣布发现海王星后，英国天文台台长也想起了亚当斯的计算，他立刻派人进行搜寻，当然他们也发现了海王星。

英、法两国天文学界曾经为优先权问题进行过激烈的争论，当时英国赫赫有名的天文学家赫谢耳证实他很早就了解亚当斯的工作；而另一位英国天文学家查理斯也宣告，他曾经根据亚当斯的预言，于1845年7月底进行过观测，在三个不同场合观测到了这颗星，只是没有认识到它是行星。

最终，亚当斯的发现也被承认，英国皇家天文学会把两枚金质奖章分别授予勒维耶和亚当斯，来表彰他们各自的功绩。

亚当斯获得了很大的荣誉——甚至当时的英国科学界称之为"除牛顿以外最伟大的数学天文学家"。

亚当斯在科学上的主要成就是同勒维耶各自独立地用数学方法和万有引力定律，推算出了当时还没有发现的海王星的位置。

此外，亚当斯还研究过月球的轨道，并准确预言了狮子座流星雨在1866年11月的大爆发。亚当斯曾于1851年到1853年、1874年到1876年期间两次当选英国皇家天文学会主席，1861年担任剑桥大学天文台台长。1866年亚当斯获得英国皇家天文学会金质奖章。为纪念他，海王星的一条光环以及第 1996 号小行星都以他的姓氏命名。剑桥大学设立了亚当斯奖，用于表彰在数学领域做出突出贡献的英国数学家。

真相背后的争论

在那之后，这个科学史上的著名事件被描述成：亚当斯是一个天才的天文学家，但他对海王星的杰出预言被官僚式天文台台长艾里所忽视，是他使得亚当斯失去了首先发现海王星的荣誉。亚当斯是一个因为年轻、文静内向而被不学无术的学术权威所埋没的英雄。可是这个说法，对艾里和亚当斯是公平的吗？

尽管英国皇家天文学会做出双方共同发现的判断，却有很多法国人不承认亚当斯的发现。1846 年 11 月 7 日出版的法国杂志《画报》上刊登了一幅漫画，一个滑稽的小人透过望远镜从另一个小人举起的一本张开的大书中发现了海王星的计算公式——两个小人身后分别有代表其国家的国旗。漫画下写着："亚当斯在勒威耶的报告中发现了新行星。"这幅画反映出法国对英国主张亚当斯也是海王星的发现者并不信服。

历史学家的工作就是发现过去的故事的不同解说。一些历史学家开始考证亚当斯在海王星发现中的作用。他们追根溯源地寻找当时的关键资料——半个世纪前，英国天文学家斯马特研究了一批亚当斯的科学手稿，就开始提出质疑：亚当斯发现了海王星吗？ 20 世纪 80 年代晚期，牛津大学的查普曼与当时在美国约翰霍普金斯大学任教的史密斯也通过文件对这个问题进行了研究。住在美国巴尔的摩的独立分析家罗林斯在 20 世纪 60 年代晚期就下了更极端的结论——认为 19 世纪的英国天文学家刻意伪造了有关文件，至少在真实文件上动过手脚。

这个研究进行过程中，一份证明亚当斯预见的一份权威性的文件史料——英国皇家天文学家艾里的证词却消失不见。他在该证词中证实他的确在 1845 年秋天收到亚当斯寄来的关于海王星的预言，并且在次年夏季发起一场不曾公开的寻找该行星的行动。

　　要是历史学家能够调出艾里引用的文件进行考证，这些怀疑也许早就厘清了。偏偏从 20 世纪 60 年代中期，向格林尼治天文台调阅档案的历史学家，得到的答复都是：档案"找不到"。没有任何借出记录，然而在剑桥的图书馆每一个角落都找不到。历史学家怀疑是被 20 世纪 60 年代初担任皇家天文学家首席助理的艾根偷走了，他是最后一位查阅过档案的人。但是他否认带走了档案，于是一个百年迷案就此悬挂起来。

　　1998 年 10 月，艾根去世，同事们在他智利天文研究所的公寓清理遗物时，发现了这些遗失文件，包括亚当斯当年的那份手稿的原件，亚当斯留给艾里一张便笺。看来这些资料确实是艾根在职期间从天文台图书馆偷走的。

　　这些新发现的档案使得的海王星发现——这个天文学史上的最著名的故事之一将要有了重新界定。历史学家发现并非艾里忽略了亚当斯的发现，而是亚当斯的计算有所缺陷，艾里向其要求进一步的证实却未得到回复，搜索海王星的事情被耽搁。亚当斯本人在此事上也要背负一定的责任。而且证实亚当斯的计算精度误差比勒威耶稍大，按他的计算去观察，可能无法发现海王星。

　　发现的文稿里另外还包括亚当斯写给艾里的未完信稿，亚当斯在信里描述自己的方法并对早期工作提供一份简短的历史记述，但在写了两页后突然结束，从的亚当斯这封未完成的回信中可以看出：实际在艾里看到亚当斯的预测之后，马上就给亚当斯写了一封回信，感谢了亚当斯留在这儿的便笺，并提出了一个问题："它（亚当斯的便笺）表明天王星位置的微扰动'黄经误差值'是由一颗具有一定假设元素的行星所产生的……我很想知道这种假设的微扰动是否也能够解释天王星的矢径。"——这封未完成回信则推翻了以前很多批评家对艾里未对亚当斯的发现给予重视的指责。而亚当斯即着手进行回信显示了亚当斯对这个问题的重视，但是不知出于什么原因，他写的信半途而废，没有回复那个问题，也没有寄出。由于亚当斯未能对艾里要求提供更多信息给予回复，来使查理斯或者艾里信服，所以亚当斯自己要为对海王星发现擦肩而过负一定的责任——一项发现不仅包括展开对某一有趣问题的试探性研究和得出某些计算结果，同时涉及认识自己所作出的发现并将它有效地传达给科学界。亚当斯在后一份工作上显然表现的不佳。

亚当斯为什么没有对这个问题给予回复是个谜。他在晚年被别人询问的时候曾说：他认为艾里的疑问"无足轻重"，不值得回答，但是在行星发现之后的一篇总结其计算的论文中，他承认半径误差"有时不容忽视"。

历史发现的是真相，但我们应该能够明白的是，在那个没有计算机、没有高精度望远镜，甚至连精密星图都不是人人可得的年代，单凭纸笔对天上一颗星星的运行轨道进行计算是个多么复杂的事情。

我们尊重历史的真相，我们更要尊重即使没有做出最精确预见的人，因为成功和失败，并不是由那几个数字决定。他发现的勇气和努力，已经值得我们尊重。最后，还要提及的是，关于发明权的争论并没有影响亚当斯和勒威耶的关系。1848 年亚当斯和勒维烈在伦敦相会，并且成了终身好友，并长期合作研究天体力学。

第六节　决心让我一往无前
——王赣骏

王赣骏，祖籍江苏盐城，生于江西，是第一位登上太空的华人。现为美国范德堡大学教授，2012 年 3 月荣获"影响世界华人终身成就奖"。

科学家人生征程

王赣骏从小聪明好学，1952 年 12 岁的他随父母迁往台湾。其后，就读于台北市师范大学附中，学习成绩总是名列班级前茅。

1960 年，王赣骏中学毕业后进入香港大学数学系，因为他希望将来成为一个科学家。

1963 年，王赣骏随家人移民美国，进入加利福尼亚大学洛杉矶分校攻读物理学，获得学士学位，经过刻苦努力又获得了硕士学位。之后，他仍继续在该校深造，专读固态物理、流体力学和声学，尤其注重三者之间相互联系。1971 年获物理学博士学位。

1972 至 1988 年间王赣骏在加州理工学院喷气推进实验室（JPL）工作。在 JPL 他负责开发无容器处理科学的研究。他担当过美国国家航空航天局的多个项目主要课题负责人，这些项目包括：太空实验室 3 号项目液滴动力学实验、飞行实验 #77-18 的液泡动力学实验、飞行实验 #76-20 的无容积材料处理技术实验、美国能源部的球壳状动力学研究。

王赣骏于 1974 年提出在航天飞机上做"液滴动力实验"的建议。并且在随后一年发表了关于零重力下转动的液滴形态研究的论文。这篇论文引起了美国国家航空航天局的注意，随后选取王赣骏作为其 1983 年 6 月 1 日太空实验 -3 飞行任务的搭载科学家。

王赣骏现为位于田纳西州纳什维尔市的范德比尔特大学的百年终身教授。他发表了大约 200 余篇期刊文章，并且拥有在液泡动力学、附电液滴动力学、无容积材料科学和干细胞移植等领域的 28 个美国专利。他的实验项目又先后在 1992 年美国微重力实验室 1 和 1995 年的美国微重力实验室 2 上执行。获列入《美国科学名人录》。

王赣骏荣获了甚多的奖项和荣誉称号，如 1985 年的 NASA 太空飞行奖章，1987 年的 NASA 优异科学成就奖章，1989 年的亚太裔美国人成就大奖，1994 年的 LlewellynJ.Evans 杰出科学工程管理大奖和 1996 年范德堡大学校友联盟授予的教育大奖。2007 年，王赣骏被授予由美洲中国工程师协会、国家工程学基金会颁发的亚裔美国人工程师年度类杰出科技大奖。他还曾于 1990 年在联合国大会为"仅有一个地球日"致辞。

王赣骏的成功和成就完全来自于他百折不挠的努力，这种刻苦的精神是值得我们学习的。

实现太空飞行

1985 年 4 月 29 日至 5 月 6 日从佛罗里达州肯尼迪航天中心乘坐挑战者号航天飞机进行了为期 7 天的太空飞行，于加利福尼亚爱德华空军基地返回落地，并完成自己设计的零重力下液滴动态行为的物理实验。

利用自由落体塔和约翰逊航天中心的 KC-135 飞机和 SPAR 火箭等设施创造的接近零重力的实验环境，王赣骏测试了他的声控悬浮系统，并进行了关于液滴动力学的地面前期实验。这些实验的结果为太空实验室 3 的液滴动力学实验提供了有用的数据参数。他同时是声波悬浮系统和空间实验舱的发明人。

这是第一个实施的太空实验室使命。挑战者的 7 人乘员组进行了在晶体成长的研究，液滴动力学及相关的无容积材料加工工程学，大气跟踪气体分光学、太阳和星球大气模仿、宇宙光、实验室动物和人的医疗监视。

飞船的发射过程是很完美的，除了王赣骏的实验之外，所有系统都运行得一帆风顺。王赣骏的实验设备发生了一个故障，空手而归的可能性使他难过。因为他是进入外太空的第一个华裔宇航员，美国华裔社区对他的这次使命的有一种强烈的兴趣，失败将会让人非常失望。

他请求飞行控制中心允许他修理他的仪器，但控制中心出于安全考虑拒绝了他的请求。他了解美国国家航空航天局的观点，但是，自己近乎绝望。他说，"如果你们不给我一个机会修理我的仪器，我就不回去！"美国国家航空航天局最终断定他不是虚张声势，给了他修理他的仪器机会。经过夜以继日的工作，在绕过了地球一圈又一圈之后，他修理好了仪器，并且取得了实验成功。

　　这次飞行结束时，王赣骏在太空旅行了 290 万英里，围着地球轨道转了 110 圈，历时 168 个小时。从各个方面来说，这都是一个成功的使命。

　　运用在美国国家航空航天局太空任务 STS-51-B 中的微重力复合小滴实验的研究成果，王赣骏开发了具有免疫隔离功能的多空胶囊系统，它能有效地移植细胞，并能有效地保护被移植的细胞，从而避免了抑制免抑反应药物的使用和它们引发的消极副作用。这个新颖的免疫隔离系统由多种复合成分、多层膜壁组成，并能允许所有胶囊设计参数独立优化以保证在大动物和人体的应用上可大规模重复生产。

　　最近，移植学报发表了一篇经过专家评审的有关于 Encapsulife 技术成功应用于大动物移植细胞实验的学术论文。在这项具有里程碑性意义的研究中，被胶囊封装的犬胰岛被移植入了因胰腺切除而引发糖尿病的狗的体内。在未对实验对象使用任何抑制免抑反应的药物或抗发炎疗法的情况下，被同类移植的胶囊化了的胰岛细胞表现出很好的活性和生物适应性。通过一次性的移植，总计有 9 条狗达到了 200 天的空腹血糖水平正常。此外，胶囊化胰岛的再移植追加剂量能有效地提供在初次移植 200 天之外的糖血症控制。

　　从某种意义上来说，奖章就意味着成就和贡献，我们也要争取获得一个又一个的奖章来增加我们生命的"重量"。

第 ⑤ 章

鬼斧神工，浑然天成
——建筑英雄的突破人生

建筑，被称之为"凝固的乐章"、"石头的书"、"艺术的载体"。建筑集结构、造型、彩绘、壁画、雕塑等于一身。人们看建筑并非简单地看待它，而是透过砖木的、石质的或是钢筋水泥的结构，看一种生命的呈现。它不仅有情感的传递，甚至有思想的凝聚，它总在静默中说明和展示着文化的传统和现状，成为人类文明发展阶段的标志。

第一节 世界石拱桥之父
——李春

李春，河北邢台临城人士，隋代造桥匠师，于 595～605 年建造赵州桥（安济桥）。唐中书令张嘉贞著《安济桥铭》中记有："赵州洨河石桥，隋匠李春之迹也，制造奇特，人不知其所以为。"赵州桥存世1400 多年，堪称中国建筑史上的奇迹之一。

举世闻名的赵州桥

李春是中国隋代著名的桥梁工匠，他建造了举世闻名的赵州桥，开创了中国桥梁建造的崭新局面，为中国桥梁技术的发展做出了巨大贡献。

赵州桥有一段美丽的传说，相传赵州桥是鲁班所造。这座大桥建成后，八仙之一的张果老倒骑着毛驴，带着柴荣，也兴冲冲地去赶热闹。他们来到桥头，正巧碰上鲁班，于是他们便问道：这座大桥是否经得起他俩走。鲁班心想：这座桥，骡马大车都能过，两个人算什么，于是就请他俩上桥。谁知，张果老带着装有太阳、月亮的褡裢，柴荣推着载有"五岳名山"的小车，所以他们上桥后，桥竟被压得摇晃起来。鲁班一见不好，急忙跳进水中，用手使劲撑住大桥东侧。因为鲁班使劲太大，大桥东拱圈下便留下了他的手印；桥上也因此留下了驴蹄印、车道沟、柴荣跌倒时留下的一个膝印和张果老斗笠掉在桥上时打出的圆坑。当然这只是人们编造的一个神话故事，以纪念古代的能工巧匠。

隋朝统一中国后，结束了长期以来南北分裂、兵戈相见的局面，促进了社会经济的发展。当时的赵县是南北交通必经之路，从这里北上可抵重镇涿郡，南下可达京都洛阳，交通十分繁忙。可是这一交通要道却被城外的洨河所阻断，影响了人们来往，每当洪水季节甚至不能通行，为此决定在洨河上建设一座大型石桥以结束长期以来交通不便的状况。

李春受命负责设计和大桥的施工。李春率领其他工匠一起来到这里，便对洨河两岸地质等情况进行了实地考察，同时认真总结了前人的建桥经验，结合实际情况提出了独具匠心的设计方案，按照设计方案精心细致施工，很快就出色地完成了建桥任务。李春他们在设计和施工中创下许多技术成就，把中国古代建筑技术提高到一个全新的水平。

我国古代传统建桥的方法，一般比较长的桥梁往往采用多孔形式，这样每孔的跨度小，坡度平缓，便于修建。但它的缺点很多，如桥墩多，不利于船只航行，有碍洪水宣泄；桥墩长期在水中受冲击侵蚀，容易坍塌。而李春设计的赵州桥采用单孔长跨度大石拱形式，在河心不立桥墩。这在当时的世界上是一个空前的创举。

在拱的形式上，李春采用平拱形式，而不是采用人们常用的半圆形。这样把桥造成扁圆的新月形，大大降低了石拱高度，因为，桥面坡度平缓，便于车马行人来往，而且还可以节省材料，减轻桥身自重，使桥身坚固。

为了适应春秋两季山洪暴发时河水猛涨的特点，李春打破以往都把桥拱的肩部砌实的框框，在大拱券两肩上各设置两个小拱。这样，既增加了泄洪能力，减轻了桥体所承受的压力；又节省了石料约 180 立方米，使桥的重量减轻了约 500 吨。既符合结构力学理论，也使桥身显得十分对称，更加美观。它不仅是我国桥梁工程技术上的一项伟大成就，还是世界敞肩拱桥的先驱。

李春在造桥时，还别具匠心地选择蛟河的粗沙层作为大石桥的天然地基，上面覆压 5 层石板作为桥台，拱桥就砌在桥台上面，既未打桩，也未采取其他加固措施。1300 年过去了，桥基两端下沉的水平差只有 5 厘米。据测定，石桥及其载重对地面所形成的压力，恰好在桥基那粗沙层的耐压力的幅度之内。计算得如此精确，实在惊人。

赵州桥在石拱的砌法上也非一长般，李春大胆地采用了纵向并列砌置法，即将整个大桥沿跨度方向用 28 道独立拱券都能独立承担荷载。

李春还借助当时的冶铁技术，采用腰铁、铁拉杆等技术，加强并列石拱券的横向联结。每块一吨重左右的拱石各面都凿有细密的花纹，让拱石贴得紧紧的，使得桥体更加牢固。

李春建造的赵州桥，是我国拱桥的典范。它在我国的桥梁史上有着承前启后的作用，它证明了大跨度的石拱桥在技术上的可能性。敞肩形式为以后的桥梁建筑开创了新的方法，新的风格。世界上没有一座古桥能像赵州桥那样坚固、持久。因而我国的赵州桥在世界桥梁史上也占有光辉的一页。

1991 年 9 月 4 日，美国土木工程师学会经过在世界各地多方面的考证和筛选，确定距今已有 1300 多年历史的中国赵州桥是首创世界第一的空腹式石拱桥，被命名为"土木工程历史古迹"，并赠送和安置了以国际历史土木工程里程碑为内容的永久性纪念碑牌。这是继苏伊士运河、埃菲尔铁塔等世界重大土木工程安置铜牌之后的第十二块铜牌。

设计独特，独具创造性

赵州桥成为举世瞩目的桥梁神话自有它的优势和可圈点之处。我们可以了解或学习一下它的建造技巧和优点。

第一，桥址选择比较合理，使桥基稳固牢靠。

李春根据自己多年丰富的实践经验，经过严格周密勘查、比较，选择了洨河两岸较为平直的地方建桥，这里的地层由河水冲积而成，地层表面是久经水流冲刷的粗砂层，以下是细石、粗石、细砂和黏土层。根据现代测算，这里的地层每平方厘米能够承受 4.5 ~ 6.6 公斤的压力，而赵州桥对地面的压力为每平方厘米 5 ~ 6 公斤，能够满足大桥的要求。选定桥址后在上面建造地基和桥台，自建桥到现在，桥基仅下沉了 5 厘米，说明这里的地层非常适合于建桥。

第二，赵州桥的砌置方法新颖、施工修理方便。

李春就地取材，选用附近州县生产的质地坚硬的青灰色砂石作为建桥石料，在石拱砌置方法上，均采用了纵向（顺桥方向）砌置方法，就是整个大桥是由 28 道各自独立的拱券沿宽度方向并列组合而成，拱厚皆为 1.03 米, 每券各自独立、单独操作, 相当灵活, 每券砌完全合拢后就成一道独立拱券, 砌完一道拱券, 移动承担重量的 "鹰架", 再砌另一道相邻拱。这种砌法有很多优点, 它既可以节省制作 "鹰架" 所用的木材, 便于移动, 同时又利于桥的维修, 一道拱券的石块损坏了, 只要嵌入新石, 进行局部修整就行了, 而不必对整个桥进行调整。

第三, 在保持大桥稳定性方面采取了许多严密措施。

为了加强各道拱券间的横向联系, 使 28 道拱组成一个有机整体, 连接紧密牢固, 李春采取了一系列技术措施。

1. 每一拱券采用了下宽上窄、略有 "收分" 的方法, 使每个拱券向里倾斜, 相互挤靠, 增强其横向联系, 以防止拱石向外倾倒; 在桥的宽度上也采用了少量 "收分" 的办法, 就是从桥的两端到桥顶逐渐收缩宽度, 从最宽 9.6 米收缩到 9 米, 以加强大桥的稳定性。

2. 在主券上沿桥宽方向均匀设置了 5 个铁拉杆, 穿过 28 道拱券, 每个拉杆的两端有半圆形杆头露在石外, 以夹住 28 道拱券, 增强其横向联系。在 4 个小拱上也各有一根铁拉杆起同样作用。

3. 在靠外侧的几道拱石上和两端小拱上盖有护拱石一层, 以保护拱石; 在护拱石的两侧设有勾石 6 块, 勾住主拱石使其连接牢固。

4. 为了使相邻拱石紧紧贴合在一起, 在两侧外券相邻拱石之间都穿有起连接作用的 "腰铁", 各道券之间的相邻石块也都在拱背穿有 "腰铁", 把拱石连锁起来。而且每块拱石的侧面都凿有细密斜纹, 以增大摩擦力, 加强各券横向联系。这些措施的采取使整个大桥连成一个紧密整体, 增强了整个大桥的稳定性和可靠性。

第二节　大脑用则灵, 不用则废
——茅以升

茅以升, 字唐臣, 江苏镇江人。土木工程学家、桥梁专家、工程教育家,中国科学院院士，美国工程院院士，中央研究院院士。20 世纪 30 年代，主持设计并组织修建了钱塘江公路铁路两用大桥，成为中国铁路桥梁史上的一个里程碑，在我国桥梁建设上做出了突出的贡献。他主持我国铁道科学研究院工作 30 余年，为铁道科学技术进步做出了卓越的贡献。积极倡导土力学学科在工程中应用的开拓者。唐山交通大学知名校友、老校长，并曾任北洋大学校长、南京大学工科主任、国民政府交通部桥梁设计工程处处长。他是中国土木工程学会的主要创建者，并担任理事会前三届理事长和第四、五届名誉理事长。

辉煌的个人成就

茅以升是中国现代桥梁工程先驱

作为我国多学科卓越专家的茅以升，也是我国现代桥梁工程先驱，20 世纪 30 年代，由其主持设计在钱塘江上建成了中国人自己设计和施工的第一座现代钢铁大桥——钱塘江大桥，在中国桥梁工程史上树立了一座不朽的丰碑。

从小具有聪明的头脑

茅以升先世经商，祖父茅谦为举人，思想进步，倾向革命，曾创办《南洋官报》，是镇江市的名士。茅以升出生不久，全家迁居南京。6 岁读私塾，7 岁就读于 1903 年在南京创办的国内第一所新型小学——思益学堂，1905 年进入江南商业学堂，1911 年考入唐山路矿学堂。每次考试，他的成绩都是全班第一，5 年各科总平均 92.5 分，为该学堂历史上所罕见。

获美国康奈尔大学土木专业硕士学位

1916 年从唐山路矿学堂毕业后，茅以升被清华学堂官费保送赴美留学。1917 年获美国康奈尔大学土木专业硕士学位，并荣获康奈尔大学优秀研究生"斐蒂士"金质研究奖章。因茅以升成绩特优，从此康奈尔大学免试接收唐山路矿学堂的毕业生，为中国的大学特别是母校赢得了荣誉。1921 年获美国卡内基·梅隆大学工学院工学博士学位。其博士论文《桥梁桁架的次应力》的科学创见，被称为"茅氏定律"，并荣获康奈尔大学优秀研究生"斐蒂士"金质研究奖章。1982 年当选为美国科学院院士。

荣归故里，回国任教

1921 年，茅以升应恩师罗忠忱教授之邀，回国后在母校唐山路矿学堂（更名为交通部唐山大学）任教，后升任副主任兼总务主任。作为一名教育家，茅以升在教育界工作的 20 余年中当过 5 所学校的教授、两个大学的校长、两个学院的院长。

担任铁道科学研究院院长

1952 年起茅以升担任铁道科学研究院院长，先后当选中国科协第二届副主席、名誉主席，北京市科协主席，中国科学院技术科学部委员，中国土木工程学会第三届理事长，国际土力学及基础工程协会会员，1982 年获选美国工程院外籍院士。

钱塘江大桥等工程技术设计者

20 世纪 30 年代，茅以升领导设计、修建的杭州钱塘江大桥，是我国第一座由中国人自己设计建造的铁路公路两用桥。茅以升在钱塘江大桥工程技术上的成就曾令国外同行对中国的桥梁建筑工程师刮目相看。

50 年代，在武汉长江大桥建设过程中，茅以升担任由中外专家组成的技术顾问委员会的主任委员，解决了武汉长江大桥建设中的 14 个难题。他还参加了新中国第一座现代化大桥——武汉长江大桥的建造。

1959 年茅以升担任人民大会堂结构审查组组长，为这个历史性的重大建筑贡献了自己的技术、经验和智慧。茅以升是中国现代桥梁工程学的重要奠基人。他积极倡导科普教育，撰写了《桥话》、《中国石拱桥》、《桥梁次应力》、《钱塘江桥》、《中国的古桥与新桥》等大量的科普文章。

1979 年茅以升应邀访问母校卡内基·梅隆大学时，校长授予他"卓越校友"奖章，以表彰他在世界工程技术方面做出的贡献。1982 年被美国工程院授予外籍院士称号。

钱塘江大桥的建成，打破了外国人垄断中国近代大桥设计和建造的局面，成为中国桥梁史上的一个里程碑。

主持修建钱塘江大桥

茅以升从小好学上进，善于独立思考。他 10 岁那年，过端午节，家乡举行龙舟比赛，看比赛的人都站在文德桥上，而他因为肚子疼所以没有去。由于桥上人太多把桥压塌了，砸死、淹死不少人。这一不幸事件沉重地压在茅以升心里。他暗下决心：长大了一定要造出最结实的桥。从此，茅以升只要看到桥，不管它是石桥还是木桥，他总是从桥面到桥柱看个够。茅以升上学读书后，从书本上看到有关桥的文章、段落，就把它抄在本子上，遇到有关桥的图画就剪贴起来，时间长了，足足积攒了厚厚的几本。

1933 至 1937 年，茅以升任钱塘江大桥工程处处长，主持修建我国第一座公路铁路兼用的现代化大桥———"钱塘江大桥"。他采用"射水法"、"沉箱法"、"浮远法"等，解决了建桥中的一个个技术难题。从此，茅以升的足迹遍布大江南北，他的名字和新建的大桥一起留在祖国各地。经过 5 年的努力，茅以升终于将现代化的钱塘江大桥建成。

钱塘江大桥开工于 1934 年。当时，浙赣铁路正在兴建，要与沪杭铁路衔接，需在钱塘江上架设一座大桥。钱塘江乃著名的险恶之江，水文地质条件极为复杂。其水势不仅受上游山洪暴发之影响，还受下游海潮涨落的约束，若遇台风袭击，江面常呈汹涌翻腾之势。钱塘江底的流沙厚达 41 米，变化莫测，素有"钱塘江无底"之说。因此，民间有"钱塘江上架桥——办不到"的谚语，工程技术界也认为在钱塘江上架桥是一件十分困难的事情。

茅以升看到祖国江河上的钢铁大桥均为外国人所建，颇为痛心，决心为中国人争气，架设中国人自己的大桥。于是迎难而上，慨然受命，自任桥工处处长，请康奈尔大学同学罗英任总工程师，吃饭睡觉都在这里，志在必得。

建桥遇到的第一个困难是打桩。为了使桥基稳固，需要穿越 41 米厚的泥沙在 9 个桥墩位置打入 1440 根木桩，木桩立于石层之上。沙层又厚又硬，打轻了下不去，打重了断桩。茅以升从浇花壶水把土冲出小洞中受到启发，采用抽江水在厚硬泥沙上冲出深洞再打桩的"射水法"，使原来一昼夜只打1根桩，提高到可以打30根桩，大大加快了工程进度。

建桥遇到的第二个困难是水流湍急，难以施工。茅以升发明了"沉箱法"，将钢筋混凝土做成的箱子口朝下沉入水中罩在江底，再用高压气挤走箱里的水，工人在箱里挖沙作业，使沉箱与木桩逐步结为一体，沉箱上再筑桥墩。放置沉箱很不容易，开始时，一只沉箱，一会儿被江水冲向下游，一会儿被潮水顶到上游，上下乱窜。后来把3吨重的铁锚改为10吨重，沉箱问题才得以解决。第三个困难是架设钢梁。茅以升采用了巧妙利用自然力的"浮运法"，潮涨时用船将钢梁运至两墩之间，潮落时钢梁便落在两墩之上，省工省时，进度大大加快。

钱塘江大桥是一座经受了抗日战火洗礼的桥。建桥末期，淞沪抗战正紧，日军飞机经常来轰炸。有一次，茅以升正在6号桥墩的沉箱里和几个工程师及监工员商量问题，忽然沉箱里电灯全灭。原来因日军飞机轰炸，工地关闭了所有的电灯。钱塘江桥冒着敌人的轰炸，终于在1937年9月26日建成通车。

钱塘江大桥建成后，为抗日战争做出了杰出贡献。建桥纪念碑的碑文记录了这段悲壮的史实："时值抗日战争爆发，在敌机轰炸下昼夜赶工，铁路公路相继通车。支援淞沪抗战、抢运撤退物资车辆无数，候渡百姓安全过江，数以数十万计。当施工后期，知战局不利，因在最难修复之桥墩上预留空孔，连同五孔钢梁埋放炸药，直至杭州不守，敌骑将临，始断然引爆，时1937年12月23日。当时茅以升留下'不复原桥不丈夫'之誓言，自携图纸资料，辗转后方。"为了阻断敌人，茅以升受命炸断了亲手建造的大桥，这是何等悲壮的义举。抗战胜利后，茅以升实践誓言，又主持修复了大桥。建桥、炸桥、复桥，茅以升先生始终其事，克尽厥责。

钱塘江大桥建成于抗日烽火之中，再生于和平建设之世。他不仅在中华民族抗击外来侵略者的斗争中书写了可歌可泣的一页，而且在国家经济建设中发挥了重要作用。他使沪杭与浙赣两条铁路相连接，使钱塘江两岸由天堑变通途。通车 70 多年以来，为我国交通事业的发展和当地经济的繁荣建立了不朽的功勋。

钱塘江大桥向全世界展示了中国科技工作者的聪明才智，展示了中华民族有自立于世界民族之林的能力。以茅以升先生为首的我国桥梁工程界的先驱在钱塘江大桥建设中所显示出的伟大的爱国主义精神，敢为人先的科技创新精神，排除一切艰难险阻、勇往直前的奋斗精神，永远是鼓舞我们为祖国的繁荣富强不懈奋斗的宝贵精神财富。

第三节　失败是我的不幸，
但我不放弃——詹天佑

詹天佑（1861 ～ 1919 年），字眷诚，号达朝，中国近代铁路工程专家。汉族，原籍安徽婺源（今属江西），生于广东南海。12 岁留学美国，1878 年考入耶鲁大学土木工程系，专习铁路工程，毕业论文为《码头起重机研究》，获得哲学学士学位；1905-1909 年主持修建我国自建的第一条铁路—京张铁路；创造"中部凿井法"和"人"字形线路，震惊中外；在筹划修建沪嘉、洛潼、津芦、锦州、萍醴、新易、潮汕、粤汉等铁路中，成绩斐然。著有《铁路名词表》、《京张铁路工程纪略》等；有"中国铁路之父"、"中国近代工程之父"之称。

献身筑路

1888 年，詹天佑进入天津中国铁路公司，携家生活在工地，从帮工程师做起，开始献身筑路，主事的外国领导常派他到最困难工段。由于强烈的事业心，他初入铁路，就优质完成塘津（塘沽至天津）铺轨工程。在津榆铁路滦河大桥修筑中，解决了外国工程师未能解决的桥墩基础施工困难，首次在中国铁路采用压气沉箱法筑墩台基础建桥成功，该桥长630余米，为黄河大桥建成前中国铁路最长钢桥。其胜利建成，中外注目，中国工程师的创造才能开始引起外国注意。1894年，他被选入英国土木工程师学会，为加入此学会的第一名中国工程师。

1894年中日战争爆发，关外铁路停工，他由关外铁路调往津卢铁路（天津至北京卢沟桥），率队测量并从事修路。1895年中日甲午海战中国失利，沿海铁路加紧修筑，詹天佑被派往锦州铁路任驻段工程师，并指挥修筑沟帮子至营口支线（约73公里）。1900年营口支线通车后，八国联军入侵北京，关内外铁路被英、俄占领，关外铁路停工，詹天佑被派往江西萍醴铁路。在该路，他反对外国工程师采用窄轨轨距的主张，坚持采用标准轨距。1901年，辛丑和约签订后，关内外铁路由英、俄两国归还中国，詹天佑参加自帝俄手中收回该路，并迅速修复通车，工作出色，引起清政府注意。

1902年，为慈禧至西陵谒陵，清政府决定修筑新易铁路（新城县高碑店至易县梁各庄，43公里），由于英、法两国争夺修筑权，相持不下，清政府只好自力修筑，派詹天佑为总工程师。尽管工期紧迫，并在冬季施工，1903年4月即建成通车。该路之迅速建成，为其后自力修筑京张铁路做了准备。这期间，詹天佑返粤奔父丧后，勘测了潮汕铁路（潮州至汕头，39公里），归途中路过上海，被聘为上海中国铁路公司工程参议，筹划江苏沪宁铁路并调查道清铁路（道口至清化，150公里）。

为国争光

1905年到1909年，为发展商业，清政府决定修筑京张铁路。詹天佑被派主持修路，先任总工程师兼会办，后升任总办兼总工程师。该路自北京至张家口，长约200公里，穿越军都山脉，地形险峻，工程异常艰巨，为通往西北之要道。为争夺修路权，英、俄两国相持不下，清政府决定自力修筑，但缺乏信心。外国人纷纷议论，认为中国无力完成此路修筑工程。詹天佑则说："中国地大物博，而于一路之工，必须借重外人，引以为耻！"，他面对外国人的讥讽，以大无畏气概，率领全体筑路人员知难而进，齐心为国争光。

修筑之初，工程技术人员缺乏，詹天佑率仅有的两名工程学员，于 1905 年 5 月，自丰台经南口、八达岭，勘测至张家口，随即回测，并选测了自延庆州绕过八达岭经德胜口、十三陵到昌平的比较线。6 月回到天津总局，提出勘测及调查报告，并拟定修筑方案。

计划分三大段修筑，第一段（丰台至南口）先行开工，以早日通车运输而获利；第二段（南口至岔道城）及第三段（岔道城至张家口），再详细勘测。特别是第二段中南口至八达岭，地形险峻，更须进一步选测比较线。报告中称，"此路早成一日，公家即早获一日之利益，商旅亦可早享一日之至便利，外人亦可早杜一日之觊觎；而路工之难，亦实为向来所未有。"

詹天佑时刻牢记国家及民族荣辱，以国家之荣为荣，以国家之耻为耻，凭借自己的力量，修筑了属于中国自己的铁路，为国争光。作为当代的青少年也应该以国家兴亡、民族荣辱为己任，以期将来报效祖国。

第四节　知识涉猎不一定专，
但一定要广——贝聿铭

贝聿铭，美籍华人建筑师，1983 年普利兹克奖得主，被誉为"现代建筑的最后大师"。贝聿铭为苏州望族之后，1917 年出生于广东省广州市，父亲贝祖贻曾任中华民国中央银行总裁。1935 贝聿铭年赴美国哈佛大学建筑系学习，师从建筑大师格罗皮乌斯和布鲁尔。贝聿铭作品以公共建筑、文教建筑为主，被归类为现代主义建筑，善用钢材、混凝土、玻璃与石材，代表作品有美国华盛顿特区国家艺廊东厢、法国巴黎罗浮宫扩建工程。

贝聿铭这样走入建筑行业

贝聿铭的童年和少年时期是在风景如画的苏州和高楼林立的上海度过的，他从小立志要当一名建筑师。后来他留美学习建筑学，以超人的智慧多次完成复杂的设计任务，并在纽约开设了自己的建筑设计事务所，又成立了"贝聿铭设计公司"，专门承担工程的设计任务。

1927年以后，他回到上海读中学，后来又就读于上海圣约翰大学。1935年他远渡重洋，到美国留学。父亲原来希望他留学英国学习金融，但他没有遵从父命，而是依自己的爱好进入美国宾夕法尼亚大学攻读建筑系。

他在上海读书时，周末常到一家台球馆去玩台球。台球馆附近正在建造一座当时上海最高的饭店，这引起了他的好奇心：人们怎么会有建造这么高的大厦的能耐？由此他产生了学习建筑的理想。

但是宾州大学以图画讲解古典建筑理论的教学方式使贝聿铭大失所望，便转学到麻省理工学院，1939年他以优异的成绩毕业，还得了美国建筑师协会的奖项。第二次世界大战爆发后，他在美国空军服役三年，1944年退役，进入著名高等学府哈佛大学攻读硕士学位。第二年学成，留校受聘为设计研究所助理教授。

贝聿铭从纯学术的象牙之塔进入实际的建筑领域是在1948年。这一年，纽约市极有眼光和魄力的房地产开发富商威廉柴根道夫打破美国建筑界的惯例，首次聘用中国人贝聿铭为建筑师，担任他创办的韦伯纳普建筑公司的建筑研究部主任。柴根道夫和贝聿铭，一个是有经验、有口才，极其聪明的房地产建筑商人；一个是学有专长、极富创造力的建筑师。两人配合，相得益彰，是一对事业上的理想搭档。他们合作达 12 年之久。12 年中，贝聿铭为柴根道夫的房地产公司完成了许多商业及住宅群的设计，也做不少社会改建计划。其间，贝聿铭还为母校麻省理工学院设计了科学大楼，为纽约大学设计了两栋教职员工住宅大厦。这一切，使贝聿铭在美国建筑界初露头角，也奠定了他此后数十年的事业基础。

贝聿铭早期的作品有密斯的影子，不过他不像密斯以玻璃为主要建材，贝聿铭采用混凝土，如纽约富兰克林国家银行，镇心广场住宅区，夏威夷东西文化中心。到了中期，累积了多年的经验，贝聿铭充分掌握了混凝土的性质，作品趋向于柯比意式的雕塑感，全国大气研究中心、达拉斯市政厅等皆属此方面的经典之作。贝聿铭摆脱密斯风格当属甘乃迪纪念图书馆为滥觞，几何性的平面取代规规矩矩的方盒子，蜕变出雕塑性的造型。

后来贝聿铭担任了齐氏威奈公司专属建筑师，从事大尺度的都市建设案，贝聿铭从这些开发案获得对土地使用的宝贵经验，使得他的建筑设计不单考虑建筑物本身，更关切环境提升到都市设计的层面，着重创造社区意识与社区空间，其中最脍炙人口的当属费城社会岭住宅社区一案，而他们所接受的案子以办公大楼与集合住宅为主，贝聿铭后来取得齐氏集团的协议于 1955 年将建筑部门改组为贝聿铭建筑师事务所，开始独立执业，事务所共从事过 114 件设计案，其中 66 件是贝聿铭负责。

建筑融合自然的空间观念，主导着贝聿铭一生的作品，如全国大气研究中心、伊弗森美术馆、狄莫伊艺术中心雕塑馆与康乃尔大学姜森美术馆等。这些作品的共同点是内庭，内庭将内外空间串联，使自然融于建筑。到晚期内庭依然是贝聿铭作品不可或缺的元素之一，唯在手法上更着重自然光的投入，使内庭成为光庭，如香山饭店的常春厅、纽约阿孟科 IBM 公司的入口大厅、香港中国银行的中庭、纽约赛奈医院古根汉馆、巴黎罗浮宫的玻璃金字塔与比华利山庄创意艺人经济中心等。光与空间的结合，使得空间变化万端。"让光线来做设计"是贝氏的名言。

身为现代主义建筑大师，贝聿铭的建筑物四十余年来始终秉持着现代建筑的传统，贝聿铭坚信建筑不是流行风尚，不可能时刻变化招取宠，建筑是千秋大业，要对社会历史负责。他持续地对形式、空间、建材与技术研究进行探讨，使作品更多样性、更优秀。他从不为自己的设计辩说，从不自己执笔阐释解析作品观念，他认为建筑物本身就是最佳的宣言。综合贝聿铭个人所获的重要奖项包括美国建筑学会金奖、法国建筑学金奖、日本帝赏奖、第五届普利兹克奖、1986 年里根总统颁予的自由奖章等等。

世界大师

人们称贝聿铭为建筑设计界的"奇才"、"现代派设计大师"。作为 20 世纪世界最成功的建筑师之一，贝聿铭设计了大量的划时代建筑。贝聿铭属于实践型建筑师，作品很多，论著则较少，他的工作对建筑理论的影响基本局限于其作品本身。

在美国的许多大城市中，都有贝聿铭的"作品"。他设计的波士顿肯尼迪图书馆，被誉为美国建筑史上最杰出的作品之一。还有丹佛市的国家大气研究中心、纽约市的议会中心，也使很多人为之倾倒。费城社交山大楼的设计，使贝聿铭获得了"人民建筑师"的称号。

在贝聿铭设计的那么多的建筑物中，华盛顿国家艺术馆东大厅最令人叹为观止。美国前总统卡特称赞说："这座建筑物不仅是首都华盛顿和谐而周全的一部分，而且是公众生活与艺术之间日益增强联系的艺术象征。"贝聿铭的作品不仅遍布美国，而且分布于全世界。我国北京西山有名的香山饭店也是贝聿铭设计的，它集中国古典园林建筑之大成，设计别具一格。1984 年 5 月间，美国在凤凰城举行建筑学会年会，几百名建筑师和来宾从 500 个候选建筑物中选出 13 个建筑物授予年度荣誉奖，贝聿铭设计的香山饭店名列榜上。

贝聿铭还应法国总统密特朗的邀请，完成了法国巴黎拿破仑广场罗浮宫的扩建设计，使这个拥有埃菲尔铁塔等世界建筑奇迹的国度也为之倾倒。这项工程完工后，罗浮宫成为世界上最大的博物馆。人们赞扬这位东方民族的设计师，说他的独到设计"征服了巴黎"。

美籍华人贝聿铭先生与法国华人画家赵无极、美籍华人作曲家周文中，被誉为海外华人的"艺术三宝"。也许有人会说，建筑是科学，为何与艺术并列？但是世界建筑界人士都知道，贝聿铭不仅是杰出的建筑科学家，"用笔和尺"建造了许多华丽的宫殿，他更是极其理想化的建筑艺术家，善于把古代传统的建筑艺术和现代最新技术熔于一炉，从而创造出自己独特的风格。

贝聿铭自己说："建筑和艺术虽然有所不同，但实质上是一致的，我的目标是寻求二者的和谐统一。"事实证明对于建筑艺术的执着追求是他事业成功的一个重要方面。贝聿铭被称为"美国历史上前所未有的最优秀的建筑家"。

几十年来，贝聿铭在美国各地负责设计过许多博物馆、学院、商业中心、摩天大厦，也在加拿大、法国、澳大利亚、新加坡、伊朗和中国的北京、香港、台湾等地设计过不少大型建筑。他是当之无愧的世界著名建筑大师。

第五节 我想要接触的不止是精英
——扎哈·哈迪德

扎哈·哈迪德 1950 年出生于巴格达，在黎巴嫩就读过数学系，1972 年进入伦敦的建筑联盟学院 AA 学习建筑学，1977 年毕业获得伦敦建筑联盟硕士学位。此后加入大都会建筑事务所，与雷姆·库哈斯和埃利亚·增西利斯一道执教于 AA 建筑学院，后来在 AA 成立了自己的工作室，直到 1987 年。1994 年在哈佛大学设计研究生院执掌丹下健三教席。2004 年扎哈·哈迪德成为普利兹克建筑奖获奖者。

扎哈·哈迪德的设计历程

2004 年 3 月 21 日，位于洛杉矶的海耶基金会宣布了被誉为建筑界诺贝尔奖的普立兹克奖的得主，英籍女建筑师扎哈·哈迪德获此殊荣。此次蟾宫折桂让她创下了两个之最：该奖项创立 25 年以来第一位获得大奖的女性，而且还是最年轻的获奖者。

哈迪德 1950 年出生于巴格达，1972 年进入英国伦敦的建筑学会学习。毕业后在伦敦创办自己的事务所。哈迪德的设计一向以大胆的造型出名，被称为建筑界的"解构主义大师"。这一光环主要源于她独特的创作方式。她的作品看似平凡，却大胆运用空间和几何结构，反映出都市建筑繁复的特质。

1993 年，哈迪德推出成名作——德国莱茵河畔魏尔镇的一座消防站。在它的建筑方案出台、尚未实施之际，由于其充满幻想和超现实主义风格而名噪一时。哈迪德通过营造建筑物优雅、柔和的外表和保持建筑物与地面若即若离的状态，达到理想的效果。

哈迪德另一个比较有名的作品是她独立设计的美国辛辛那提罗森塔尔现代艺术中心。这幢 8 层高的建筑像一个精巧的方盒一层一层搭建在玻璃底座上，被《纽约时报》誉为"田园绿洲"。此外，法国斯特拉斯堡的一个停车场以及奥地利因斯布鲁克的滑雪场等也使哈迪德名扬四方。

这一次，哈迪德的获奖作品是台湾台中古根汉美术馆。评委认为她能够大胆利用空间，巧妙运用几何学原理，使作品与环境融为一体，成功展示了乡村生活的美妙，因此才把本年度的大奖授予她。当代建筑大师、评审团成员之一法兰克·盖瑞称赞哈迪德的每一个设计都创意十足。另一位评审费巴姆表示，哈迪德单单画出设计图，就已大大扩充了建筑的"创作曲目"。她设计的大型综合建筑建成后，创造力更能充分展现非解构主义大师与屈米、埃森曼的区别。

扎哈·哈迪德并不是解构主义大师。哈迪德本人也不认为她是一位解构主义建筑师。她与解构大师屈米、埃森曼是有区别的。虽然建筑形式相似，但是屈米的思想源自德里达，而哈迪德则是受到马列维奇至上主义的影响。屈米及埃森曼解构主义的共性在于对现代主义建筑的批判，对现代主义建筑和传统建筑二元对立的瓦解。

屈米重构了一种非二元对立的理论，埃森曼重构了一种后功能主义。他们在重构的同时，都走向了各自瓦解对象的对立面。而哈迪德则是通过对传统观念的批判，进而对建筑的本质进行重新定义，从而发展适合新时代的建筑，这才是哈迪德在建筑中所要实现的本质目的。

对世界来讲，哈迪德无疑是明星建筑家。但对中国来说，很多人对她还是陌生的。不过，近年来，哈迪德频繁走访中国。从广州歌剧院方案构思，到北京在 SOHO 中国的"物流港"，她一步步走向中国，并与中国建筑师对话。可以说这次她获奖的背后也有蓬勃发展的中国建筑业的影子。

成就来源于不懈的努力

在男性一统天下的建筑业，哈迪德能够取得如此辉煌的成就，凭的全是自己多年的不懈努力。成功的道路从来都不是一帆风顺的，哈迪德也遭受过很多重大挫折。正如评审团所指出的那样，哈迪德获得世人认可之路，是"英雄式的奋斗历程"。

并不是所有人都欣赏她的设计。时至今日，在已经生活了 20 多年的伦敦，仍未有一件哈迪德的作品问世。在获奖后接受媒体采访时，哈迪德也直言自己在英国受到了"不公正"的待遇。

很久以来，人们一致认为哈迪德的设计富于动感和现代气息。但也正因为这两个原因，她的很多作品都只能安静地躺在图纸上，无法付诸实施，她甚至一度被称为"纸上谈兵"的建筑设计师。尽管她得过大大小小的奖项，有时候一年获 4 项，但似乎在世界建筑环境里掀不起一丝波澜。这种状况一直到 20 世纪 90 年代末才有了改观。

除了荣誉之外，各种请她主持设计的邀请单也像雪片一样飞来。对哈迪德来说，未来的日子将非常忙碌。在欧洲，她已经开始筹措为宝马公司设计位于德国莱比锡的新总部，此外，她还接下了设计坐落于罗马的意大利国立现代艺术中心的任务。在美国，她身为最终 5 位入围者之一设计 2012 年的纽约奥运村。当然，哈迪德还想为自己已离开近 30 年的故乡巴格达做些什么。"若能在那里设计建筑，将是很不错的事"，哈迪德说，因为她认为那里实在是一座美丽的城市。

她在欧洲完成的其他工程设计包括：德国莱茵河畔威尔城的维特拉家具公司的消防站；坐落于威尔城的州园艺展览建筑，即标记为 1999 年园艺节的展览建筑物；法国斯特拉斯堡郊外的停车场和有轨电车站；坐落于奥地利西部的可以鸟瞰因斯布鲁克城的伯吉瑟尔山上的滑雪台。

她在不同发展阶段中有很多其他工程设计，它们包括：德国莱比锡的 BMW 建筑和沃尔斯堡的科学中心，罗马的国家当代艺术中心，西班牙比尔堡的总体设计，台湾的古根海姆博物馆，那不勒斯城外的高速火车车站，法国蒙特帕利尔的新的公共档案馆、图书馆和运动中心等。

在评审委员会宣布其评选结果时，Hyatt 基金会的主席托马斯·J·普里茨克说："作为普里茨克建筑学奖的发起者和赞助者，我们看到极其独立的评委会第一次把荣誉评给一位女性，这是令人满意的。尽管她的主要作品的实体相对小些，但是，她已获得人们的广泛称颂，而且她的精神和理念甚至显示出未来发展的远大前程。"

普里茨克奖评委会主席罗特赫斯柴尔德勋爵评论说："同时，如同她的理论和学术工作一样，作为实践建筑师的扎哈·哈蒂德对现代主义的追求是坚定执着的。她总是富有创造力，摒弃现存的类型学和高技术，并改变了建筑物的几何结构。"

已为整个世界知晓的作为建筑学领域最高荣誉的正式颁奖典

礼于 2004 年 5 月 31 日举行，一笔 10 万美元的巨额奖金和一枚青铜奖章在艾尔米塔什国家博物馆被授予本年度普里茨克奖得主扎哈·哈蒂德，继之在博物馆的冬宫举行盛大的招待会和晚宴。普里茨克奖的颁奖典礼每年在全世界不同地点移动举行，借以表达人们对历史性的和当代的建筑之尊崇。

1989 年普里茨克奖得主，此届评委会评委弗兰克·盖赫里说："2004 年普奖得主可能是最年轻的得主之一，也是多年来所见设计发展轨迹最清晰者之一。她的作品充满了激情与创新。"评审委员会中，记者克瑞恩·斯坦因评价说："在过去的 25 年里，扎哈·哈迪德已经创建了对抗常规的事业———挑战建筑空间、建筑实践和建筑构造的传统理念。"

扎哈·哈迪德作为一个女子，却正是"巾帼不让须眉"，她的成功来源于自己的不懈努力，也得益于她不拘一格的创新想法和意识。作为当代的青少年也应该向她学习，争取将我们的人生建筑得更壮观美好。

第六节　不会住在不值一住的房子里
——勒·柯布西耶

勒·柯布西耶（1887 ～ 1965 年），20 世纪最著名的建筑大师、城市规划家和作家。是现代建筑运动的激进分子和主将，被称为"现代建筑的旗手"。他和瓦尔特·格罗皮乌斯、路德维格·密斯·凡·德·罗、赖特并称为"现代建筑派或国际形式建筑派的主要代表"。

成长之路

勒·柯布西耶出生于瑞士的一个海拔 1000 米的山间小镇，它位于法国很近的山脉中，那个人口只有四万人的小地方，以制表而闻名于世，1900 年该镇组装的手表占世界手表生产的 55%。柯布西耶的祖父是制表的手艺人，母亲出生于中产阶级家庭，以教钢琴维持生计。柯布西耶毕业于当地的美术中专学校，当时这家学校受新艺术派影响很大，老师甚至提出从钟表装饰细工向建筑方向转变的建议。

勒·柯布西耶于 1907 年初开始了最初的意大利旅行，这是一次终生难忘的体验，他写了许多长信以及画了大量的写生素描，那时还只是一位装饰美术家的柯布西耶，已经开始思考建筑和城市特征等问题。整个旅行中，柯布对意大利埃玛修道院和比萨广场的印象尤为深刻，回到故乡之后的柯布西耶，开始了从一位装饰美术家走向建筑家的生涯。

1910 年，他受到与他一起工作的建筑大师彼得·贝伦斯的影响。然而，对他最大的影响来自他经常的旅行，同时他还从所从事的立体油画和着色等工作中得到相当多的启示。尽管他大部分的灵感来自于雅典卫城，但他还是每天都去帕台农神庙，从不同的角度进行勾勒。他的大脑里完全充斥着古典的魅力。

1920 年，在他还是一名艺术家的初期，他就意识到自己的一生即将从事建筑而非严肃的艺术，因此，他更名为勒·柯布西耶。尽管他从未接受过任何正规的教育，但柯布西耶受到过很多专家的影响。最初影响他的是著名的建筑大师奥古斯特·贝瑞，教会他如何使用钢筋混凝土。

勒·柯布西耶是一名想象力丰富的建筑师，他对理想城市的诠释、对自然环境的领悟以及对传统的强烈信仰和崇敬都相当别具一格。作为一名具有国际影响力的建筑师和城市规划师，他是善于应用大众风格的稀有人才——他能将时尚的滚动元素与粗略、精致等因子进行完美的结合。

他用格子、立方体进行设计，还经常用简单的几何图形、一般的方形、圆形以及三角形等图形建成看似简单的模式。作为一名艺术家，勒·柯布西耶懂得控制体积、表面以及轮廓的重要性，他所创造的大量抽象的雕刻图样也体现了这一点。因此，在勒·柯布西耶的设计中，通过大量的图样以产生一种栩栩如生的视觉效应占据了支配地位，而其建筑模式转化为建筑实物的情况如同艺术家在陶土的模子上进行雕刻和削减一样。通过精心的设计，在明暗光线的对比下，他成功地将有限的空间最大化，并能产生良好的视觉效应。

他主张用传统的模式来为现代建筑提供模板。他曾经申明，传统一直是他真正的主导者，因此，由勒·柯布西耶设计的建筑不只从两三种角度，而是从 4 种角度考虑的，但后来他对自然界的领悟使其风格逐渐发生了变化。自然是美妙的，那新鲜的空气、明媚的阳光，还有来自大自然的清新和美丽，使勒·柯布西耶感觉到需要建立一种全新的风格去适应当今机器时代的发展。在所有的建筑都作为"机器时代的机器"时，人们也开始重视房屋的基本功能。他的目标是：在机器社会里，应该根据自然资源和土地情况重新进行规划和建设，其中要考虑到阳光、空间和绿色植被等问题。

1911 年，勒·柯布西耶在书中如是写道："我在几何中寻找，我疯狂般地寻找着各种色彩以及立方体、球体、圆柱体和金字塔形。棱柱的升高和彼此之间的平衡能够使正午的阳光透过立方体进入建筑表面，可以形成一种独特的韵律。傍晚时分的彩虹也仿佛能够一直延续到清晨，当然，这种效果需要在事先的设计中使光与影充分地融合。我们不再是艺术家，而是深入这个时代的观察者。虽然我们过去的时代也是高贵、美好而富有价值的，但是我们应该一如既往地做到更好，那也是我的信仰。"

代表作品

萨伏伊别墅

现代主义建筑的经典作品之一，位于巴黎近郊的普瓦西，由勒·柯布西耶于 1928 年设计，1930 年建成。

萨伏伊别墅占地 12 英亩，宅基为矩形，长约 22.5 米，宽为 20 米，共三层。底层三面透空，由支柱架起，内有门厅、车库和仆人用房。二层有起居室、卧室、厨房、餐室、屋顶花园和一个半开敞的休息空间。三层为主人卧室和屋顶花园，各层之间以楼梯和坡道相连，建筑室内外都没有装饰线脚，用了一些曲线形墙体以增加变化。

萨伏伊别墅采用了钢筋混凝土框架结构，平面和空间布局自由，空间相互穿插，内外彼此贯通。别墅轮廓简单，像一个白色的方盒子被细柱支起。水平长窗平阔舒展，外墙光洁，无任何装饰，但光影变化丰富。别墅外形简单，但内部空间复杂，如同一个内部精巧镂空的几何体，又好像一架复杂的机器。萨伏伊别墅是勒·柯布西耶提出的新建筑五个特点的具体体现，对建立和宣传现代主义建筑风格影响很大。

如果对萨伏伊别墅和帕提农神庙的立面进行比较读解，我们同样可以发现前者有着古典意味的隐喻：坚实的基座、保持着黄金比例的中部和开放的顶部；底层的支柱与建筑的透视关系可以看作帕提农神庙的视觉变形。然而在萨伏伊别墅里，古典主义的三段式已经结合了具有现代性的简约。斐迪亚斯采用了自然的形式表现其特质，而柯布西耶则用对机械化产品的歌颂来表现他所在年代的时代特征。帕提农神庙和萨伏伊别墅的共同之处正是在于比例和秩序之美。

朗香教堂

朗香教堂是现代主义建筑中最具影响力的作品之一，也是著名建筑师勒·柯布西耶的里程碑式作品。自从 1945 年它首次对公众开放以来，朗香教堂已经成为建筑师、学生和旅游者前来朝圣的圣地。这座著名的建筑坐落在法国东部毗邻瑞士边界附近的一座小山顶上，取代了在第二次世界大战中被毁的以前的教堂。

这是一座位于群山之中的小小天主教堂，它突破了几千年来天主教堂的所有形制，超常变形，怪诞神秘，如岩石般稳重地兀立在群山环绕的一处被视为圣地的山丘之上，朗香教堂建成之时，即获得世界建筑界的广泛赞誉它表现了勒氏后期对建筑艺术的独特理解、娴熟的驾驭体形的技艺和对光的处理能力。无论人们赞赏与否，都得承认勒·柯布西耶的非凡的艺术想象力和创造力。

勒·柯布西耶接受这个重建朗香教堂的工程之后，采用了一种雕塑化而且奇特的设计方案。他突破了，于是好像是飘浮在墙面上一样。南面的墙被称之为"光墙"，这个墙体很厚，上面留有一些不规则的空洞，室外开口小，而室内开口大，比例奇特，靠外墙的部分装上教堂里常用的彩色玻璃，同时，墙体和屋顶的连接并不是无缝的，而是有一定间隙的，她的三个弧形塔把屋顶的自然光引入室内，这些做法使室内产生非常奇特的光线效果，而产生了一种神秘感。主礼拜堂位于东面，这是符合基督教义的。这个礼拜堂可以容纳 50 个人。

朗香教堂的屋顶东南高西北低，显出东南转角挺拔奔昂的气势，这个坡度很大的屋顶有收集雨水的功能，屋顶的雨水全部流向西北水口，经过一个伸出的泻水管注入地面的水池。教堂的三个竖塔上开有侧高窗。它以一种奇特的歪曲的造型隐喻超常的精神。教堂要求简单造价不高，是一个表意性建筑。

朗香教堂是二次世界大战以后，勒·柯布西耶设计的一件最引人注意的作品，它代表了勒·柯布西耶创作风格的转变，并对西方"现代建筑"的发展产生了重大的影响。

第七节　人类与自然是和谐存在的
——诺曼·福斯特

诺曼·福斯特建筑学学士（曼彻斯特大学），建筑学硕士（耶鲁大学），英国皇家建筑师学会会员，国际上最杰出的建筑大师之一，被誉为"高技派"的代表人物，第 21 届普利兹克建筑大奖得主。诺曼·福斯特特别强调人类与自然的共同存在，而不是互相抵触，强调要从过去的文化形态中吸取教训，提倡那些适合人类生活形态需要的建筑方式。

建筑历程

福斯特 16 岁辍学，他的第一份工作是在曼彻斯特市政厅当职员，工作地点是一个具有维多利亚女王时代特色的标志性建筑，这将他带入了维多利亚女王时代特色的建筑及工艺环境之中，使他不只有机会在现场观摩这座盛大建筑总体效果，并且还有机会注意到光线使用和扶手的设计等细节的东西。

在他加入英国皇家空军服役时，他的建筑师愿望变得十分强烈。两年后退伍，他曾经尝试过几份工作，之后的某个机会使他进入曼彻斯特的一家建筑公司——约翰布来德沙尔及伙伴建筑行工作，这一工作后来被福斯特描述为他人生的一个重要转折点。

1956年，福斯特在他21岁时进入了曼彻斯特大学，并选择了为之奋斗一生的职业。1961年在曼彻斯特完成学业后，福斯特获得了耶鲁大学建筑学院的一个特殊课程奖学金——土亨利奖学金，诺曼·福斯特今天的许多成就都来于他在美国读研究生那段时间。

1963年联合成立了四人小组Team4，他们的第一件作品就是为人熟知的阿波罗17登月舱。康沃尔郡的设计开拓了生态建筑的理念，这一建筑的特色体现在它的天窗画廊和一个有山水画的屋顶，他们以此建筑设计获得了英国皇家建筑师学会RIBA的一个奖项。1965年四人小组在斯文顿设计了30000平方英尺的工厂，这一工程获得了国际性的赞誉。

诺曼·福斯特因其建筑方面的杰出成就，于1990年被册封为爵士，1997年被女皇列入杰出人士名册，1999年获终身贵族荣誉，并成为泰晤士河岸的领主。福斯特还获得了众多的荣誉和奖项，主要有"工业建筑皇家设计师"、"杰出设计师学会会员"、皇家工学院荣誉院士、英国皇家建筑学院和美国建筑师协会金质奖章等荣誉。福斯特建筑事务所的海外工程也曾被授予"女王奖"。

创办企业

福斯特建筑事务所是一家国际性建筑、规划和设计公司。福斯特建筑事务所坐落在英国伦敦，主要成员是事务所主席福斯特爵士及4位合作者。事务所董事会长管着事务所每天的运营工作。由于在建筑设计等领域的卓越表现，福斯特建筑事务所目前已荣获了280多项奖励，赢得了50多次国内和国际设计竞赛。

福斯特建筑事务所的设计产品很广泛，包括城市规划，建筑物设计，产品设计，展览等。产品大到世界上最大的建筑设计——香港新机场，小到一套家具上的门。福斯特建筑事务所在国际上拥有着良好的口碑，它的代表性作品包括：德国新议会大厦（柏林）；大不列颠博物馆大厅（伦敦）；汇丰银行香港和伦敦总部；德意志商业银行总部（法兰克福）；加里艺术中心（尼姆）；斯坦福大学塞恩斯伯里视觉艺术中心（诺里奇）。福斯特建筑事务所在城市规划设计等方面也有良好的造诣。

所获荣誉

诺曼·福斯特是英国皇家建筑师协会成员、皇家艺术学会成员、英格兰皇家院士、美国建筑师协会名誉会员；皇家工业设计师；特许设计师协会荣誉会员；保加利亚国际建筑学会成员；瑞典皇家艺术学会外籍会员；建筑工程师协会荣誉会员；皇家工程协会荣誉会员；美国艺术科学协会外籍荣誉会员；建筑协会成员。他拥有下列大学的荣誉博士头衔：皇家艺术学院、伦敦大学、巴斯大学、亨伯赛德大学、曼彻斯特大学、牛津大学和瓦伦西亚大学。

诺曼·福斯特在世界各地做过讲演，并在英国和美国教授建筑学。他是伦敦建筑师协会副主席、皇家艺术学院理事、英国皇家建筑师协会教育和监察部成员，伦敦建筑基金会理事。

第6章

心系世界，求索而进
——地理英雄的征服人生

我们所生存的地球是一个伟大的承载体，它的身上有很多的奥秘等着我们去发掘，去探测。无论是古今中外的人都对我们的世界存在着强烈的好奇心与求知欲，他们通过旅行勘探、极地冒险、环球航行等方式去探索和创造奇迹，仿佛只有征服世界才能证明自己。

第一节　人生就像是新大陆
——哥伦布

哥伦布是意大利航海家、殖民者，生于意大利热那亚，卒于西班牙巴利亚多利德。一生从事航海活动，先后移居葡萄牙和西班牙。他相信大地球形说，认为从欧洲西航可达东方的印度。在西班牙国王支持下，先后 4 次出海远航。开辟了横渡大西洋到美洲的航路。先后到达巴哈马群岛、古巴、海地、多米尼加、特立尼达等岛。在帕里亚湾南岸首次登上美洲大陆。考察了中美洲洪都拉斯到达连湾 2000 多千米的海岸线；认识了巴拿马地峡；发现和利用了大西洋低纬度吹东风、较高纬度吹西风的风向变化。

航行之旅

哥伦布证明了大地球形说的正确性，促进了旧大陆与新大陆的联系。他误认为到达的新大陆是印度，并称当地人为印第安人。

哥伦布的第一次航行始于 1492 年 8 月，哥伦布率船员 87 人，分乘 3 艘船从西班牙巴罗斯港出发，10 月 12 日到达并命名了巴哈马群岛的圣萨尔瓦多岛。10 月 28 日到达古巴岛，他误认为这就是亚洲大陆。随后他来到西印度群岛中的伊斯帕尼奥拉岛（今海地岛），在岛的北岸进行了考察。1493 年 3 月返回西班牙。

第二次航行始于 1493 年 9 月 25 日，他率船 17 艘从西班牙加的斯港出发，目的是要到他所谓的亚洲大陆印度建立永久性殖民统治。参加航海的达 1500 人，其中有王室官员、技师、工匠和士兵等。1494年2月因粮食短缺等原因，大部分船只和人员返回西班牙。他率船3艘在古巴岛和伊斯帕尼奥拉岛以南水域继续进行探索"印度大陆"的航行。在这次航行中，他的船队先后到达了多米尼加岛、背风群岛的安提瓜岛和维尔京群岛以及波多黎各岛。1496年6月11日回到西班牙。

第三次航行是1498年5月30日开始的。他率船6艘、船员约200人，由西班牙塞维利亚出发，航行目的是要证实在前两次航行中发现的诸岛之南的一块大陆（即南美洲大陆）。7月31日船队到达南美洲北部的特立尼达岛以及委内瑞拉的帕里亚湾，这是欧洲人首次发现南美洲。此后，哥伦布由于被控告，于1500年10月被国王派去的使者逮捕后解送回西班牙。因各方反对，哥伦布不久获释。

第四次航行始于1502年5月11日，他率船4艘、船员150人，从加的斯港出发，哥伦布第三次航行的发现已经震动了葡萄牙和西班牙，许多人认为他所到达的地方并非亚洲，而是一个欧洲人未曾到过的"新世界"。于是斐迪南国王和伊莎贝拉王后命令哥伦布再次出航查明，并寻找新大陆中间通向太平洋的水上通道。他到达伊斯帕尼奥拉岛后，穿过古巴岛和牙买加岛之间的海域驶向加勒比海西部，然后向南折向东沿洪都拉斯、尼加拉瓜、哥斯达黎加和巴拿马海岸航行了约1500公里，寻找两大洋之间的通道。他从印第安人处得知，他正沿着一条隔开两大洋的地峡行驶。由于1艘船在同印第安人冲突中被毁，另3艘也先后损坏，哥伦布于1503年6月在牙买加弃船登岸，1504年11月7日返回西班牙。

哥伦布说过：那些能在别人认为的不毛之地里挖出黄金和甘泉的人被称为天才。作为当代的青少年也应该有这种探索求知的精神，努力发现更广阔的天地。

航海家的征程

哥伦布年轻时就是地圆说的信奉者，他十分推崇曾在热那亚坐过监狱的马可·波罗，立志要做一个航海家。

哥伦布自幼热爱航海冒险，他读过《马可·波罗游记》，十分向往印度和中国。当时，地圆说已经很盛行，哥伦布也深信不疑。他先后向葡萄牙、西班牙、英国、法国等国国王请求资助，以实现他向西航行到达东方国家的计划，都遭拒绝。一方面，地圆说的理论尚不十分完备，许多人不相信，把哥伦布看成江湖骗子。

一次，在西班牙关于哥伦布计划的专门的审查委员会上，一位委员问哥伦布：即使地球是圆的，向西航行可以到达东方，回到出发港，那么有一段航行必然是从地球下面向上爬坡，帆船怎么能爬上来呢？对此问题，滔滔不绝、口若悬河的哥伦布也只有语塞。

另一方面，当时西方国家对东方物质财富需求除传统的丝绸、瓷器、茶叶外，最重要的是香料和黄金。其中香料是欧洲人起居生活和饮食烹调必不可少的材料，需求量很大，而本地又不生产。当时，这些商品主要经传统的海、陆联运商路运输，经营这些商品的既得利益集团极力反对哥伦布开辟新航路的计划。哥伦布为实现自己的计划，到处游说了十几年。直到1492年，西班牙王后慧眼识英雄，她说服了国王，甚至要拿出自己的私房钱资助哥伦布，使哥伦布的计划才得以实施。

1492年8月3日，哥伦布受西班牙国王派遣，带着给印度君主和中国皇帝的国书，率领3艘百十来吨的帆船，从西班牙巴罗斯港扬帆出大西洋，直向正西航去。经70昼夜的艰苦航行，1492年10月12日凌晨终于发现了陆地。哥伦布以为到达了印度。后来知道，哥伦布登上的这块土地，属于现在中美洲加勒比海中的巴哈马群岛，他当时为它命名为圣萨尔瓦多。

1493 年 3 月 15 日，哥伦布回到西班牙。此后他又三次重复他的向西航行，又登上了美洲的许多海岸。直到 1506 年逝世，他一直认为他到达的是印度。后来，一个叫作亚美利哥的意大利学者经过更多的考察，才知道哥伦布到达的这些地方不是印度，而是一个原来不为人知的新大陆。哥伦布发现了新大陆，但是，这块大陆却用证实它是新大陆的人的名字命了名：娅美丽雅哥洲。后来，对于谁最早发现美洲不断出现各种微词。哥伦布发现新大陆的结论是不容置疑的，这是因为当时欧洲乃至亚洲、非洲整个旧大陆的人们确实不知大西洋彼岸有此大陆。至于谁最先到达美洲，则是另外的问题，因为美洲土著居民本身就是远古时期从亚洲迁徙过去的。中国、大洋洲的先民航海到达美洲也是极为可能的，但这些都不能改变哥伦布发现新大陆的事实。

伊莎贝拉曾向哥伦布许诺，他可以做他所发现的任何陆地的总督。但是作为一个行政官他是不称职的，最后被撤职，带着镣铐被遣送回西班牙。在西班牙他很快就得到了释放，但是没有再让他担当任何官职。但直到去世时，他都相当富裕。

哥伦布说过：即使是简单的事也需要有人去发现，去证实。站在后面指手画脚是无用的，关键在于创新。

哥伦布的远航是大航海时代的开端，新航路的开辟改变了世界历史的进程，它开创了在新大陆开发和殖民的新纪元。当时欧洲人口正在膨胀，有了这一发现，欧洲人就有了可以定居的两个新大陆，就有了能使欧洲经济发生改观的矿产资源和原材料。

这一发现，导致了美洲印第安人文明的毁灭。从长远的观点来看，还致使西半球上出现了一些新的国家。这些国家与曾在该地区定居的各个印第安部落截然不同，它们极大地影响着旧大陆的各个国家。它还使海外贸易的路线由地中海转移到大西洋沿岸。从那以后，西方终于走出了中世纪的黑暗，开始以不可阻挡之势崛起于世界，并在之后的几个世纪中成就海上霸业，一种全新的工业文明成为世界经济发展的主流。

第二节 一生志在四方，不避 风雨虎狼——阿蒙森

罗尔德·阿蒙森，挪威极地探险家，第一个到达南极点的人。1872 年 7 月 16 日生于奥斯陆附近的博尔格。曾在挪威海军服役。1901 年到格陵兰东北进行海洋学研究。1903～1906 年乘单桅帆船第一次通过西北航道（从大西洋西北经北冰洋到太平洋），并发现北磁极。在获悉 R·E·彼利成功到达北极后，积极准备探测南极。1910 年 6 月乘"前进"号从挪威出发，1911 年 1 月 3 日到南极大陆的鲸湾，1911 年 10 月 20 日阿蒙森与 4 个同伴乘狗拉雪橇向南极进发，12 月 14 日到达。阿蒙森在南极进行了观测研究，于 12 月 17 日离开。

传奇性的探险

1905 年 12 月，挪威探险家罗尔德·阿蒙森沿被称为"西北通道"的美洲北极海岸，从大西洋航行进入太平洋，进行了历时 3 年的冒险航行。阿蒙森和他的伙伴乘坐的是 47 吨单桅帆船"佳阿"号。许多人认为船太小，难免会出事。他们于 1903 年 6 月 1 日离开挪威，结果船被冰封住将近两年。在探险的过程中，阿蒙森在威廉王岛上探出北磁极的位置，并发现英国探险家约翰·罗斯约在 60 年前第一个测定的这一磁极位置有所移动。

1911 年 10 月 20 日挪威著名极地探险家罗阿德·阿蒙森历尽艰辛，闯过难关，终于成为人类第一个登上南极点的人。

阿蒙森从小喜欢滑雪旅行和探险，他是世界西北航道的征服者，曾经 3 次率探险队深入到北极地区。1897 年，他在比利时

探险队的航船上担任大副，第一次参加了南极探险活动。1909年，当他正在"先锋"号船上制订征服北极点的计划时，获悉美国探险家罗伯特·皮尔里已捷足先登，他便毅然决定放弃北极之行的计划，改变方向朝南极点进发。并与英国人斯科特展开了一场悲壮的角逐，最后阿蒙森胜利，而斯科特却在返航途中，包括其小队成员在内的所有人全部身亡。

1910年8月阿蒙森和他的同伴们乘探险船"费拉姆"号从挪威启航。他在途中获悉，英国海军军官斯科特组织的南极探险队，也是以南极点为目标，早在两个月前就出发了。这对阿蒙森来说，是一个不小的挑战，他决心夺取首登南极点的桂冠。

经过4个多月的艰难航行，"费拉姆"号穿过南极圈，进入浮冰区，于1911年1月4日到达攀登南极点的出发基地——鲸湾。阿蒙森在此进行了10个月的充分准备，于10月19日率领5名探险队员从基地出发，开始了远征南极点的艰苦行程。前半部分大约六七百千米的路程，他们乘狗拉雪橇和踏滑雪板前进。后半部分路程主要是爬坡越岭，尽管遇到许多高山、深谷、冰裂缝等险阻，但由于事先准备充分，加上天公作美，他们仍以每天30千米的速度前进。结果仅用两个月不到的时间，就于1911年12月15日胜利抵达南极点。

阿蒙森激动的心情简直难以言表，他们互相欢呼拥抱，庆贺胜利，并把一面挪威国旗插在南极点上。他们在南极点设立了一个名为"极点之家"的营地，进行了连续24小时的太阳观测，测算出南极点的精确位置，并在点上叠起一堆石头，插上雪橇作标记，还在南极点的边上搭起一顶帐篷。阿蒙森深信斯科特很快就能到达南极点，而自己的归途又是相当艰难的，任何意外都有可能发生。于是，他便在帐篷里留下了分别写给斯科特和挪威哈康国王的两封信。阿蒙森这样做的用意在于，万一自己在回归途中遇到不幸，斯科特就可以向挪威国王报告他们胜利到达南极点的喜讯。

阿蒙森在南极点上停留了3天。1911年12月18日，他们带着两架雪橇和 18 只狗，踏上了返回鲸湾基地的旅途。后来，他们再乘"费拉姆"号离开南极洲。

阿蒙森伟大的南极点之行轰动了整个世界，人们为他所取得的成就欢呼喝彩。

对于像阿蒙森这样的探险天才已经不存在挑战了。然而他还想做一件事情：在空中探索北冰洋。他和探险队于 1925 年乘坐"N25 号"和"N26 号"水上飞机冒险远征。飞机在北纬 88 度被迫在冰上着陆，但探险队成功地使其中一架飞机重新起飞，于三星期后返回斯瓦尔巴德群岛。

美国人林肯·埃尔斯沃思资助并和阿蒙森共同参加了这次飞机探险。第二年，阿蒙森、埃尔斯沃思和意大利人安贝托·诺比尔共同领导了从斯瓦尔巴德群岛乘"挪威号"飞艇飞越北极前往阿拉斯加的探险飞行。这些探险家飞越了此前人所未知的地域，填补了世界地图上最后一个空白点——白色的荒原。

阿蒙森为极地探险而生，也为极地探险而死。当诺比尔两年后乘坐"挪威号"的姊妹飞艇"意大利号"进行第二次北极飞行时，探险队失踪，阿蒙森参加了前往寻找飞艇的搜救队，另外一只搜救队发现了飞艇和仍然活着的诺比尔，但是，阿蒙森与他的伙伴却再也没有回来。

阿蒙森与斯科特之间的"南极竞赛"

1911 年 1 月阿蒙森乘着"弗拉姆"号船，经过半年多的航行，来到了南极洲的鲸湾。阿蒙森在那里建立了基地，准备度过 6 个月漫长的冬季。同时，阿蒙森也着手南极探险的准备工作，他率领 3 名队员，带着充足的食物，分乘 3 辆雪橇，从南纬 80 度起，每隔 100 千米建立一个食品仓库，里面放置了海豹肉、黄油、煤油和火柴等必需品，仓库用冰雪堆成一座小山，小山上再插一面挪威国旗。这样，在茫茫雪地上，很远就能发现仓库的位置。阿蒙森一共建立了 3 座食品仓库。

当阿蒙森回到鲸湾的时候，英国人斯科特率领的探险队也到了，两个竞争对手进行了友好的互访。阿蒙森看到斯科特带的少量的爱斯基摩大狗、西伯利亚小马和摩托雪橇，而他自己的探险队却有 50 多条爱斯基摩大狗，阿蒙森坚信，爱斯基摩大狗有着比西伯利亚小马更惊人的耐寒能力，后来的事实也证明了这一点。

1911 年 10 月 20 日阿蒙森带领 4 名队员分乘 4 辆由爱斯基摩狗拉的雪橇，正式向南极进发了。斯科特在这年 11 月 1 日也踏上了南极探险之旅，两支探险队在冰天雪地的南极洲展开了一场争夺光荣与梦想的竞争。

阿蒙森前进的速度很快，他用了 4 天时间就赶到一号仓库。在到达南纬 85 度时，出现在他面前的是连绵起伏的南极高原。阿蒙森下令，把较为瘦弱的 24 条狗杀掉，用 18 条强壮的狗牵拉 3 辆雪橇，带足 60 天的粮食，轻装上路。这时，南极地区天气异常恶劣，暴风雪连续刮了 5 天 5 夜。为了抢先赶到南极点，阿蒙森他们顶风冒雪，艰难地前进。1911 年 12 月 15 日，阿蒙森终于率先到达了南极点。

与此同时，恶劣的天气给斯科特他们的探险队带来了灾难，他们的西伯利亚小马在探险途中全部冻死。虽然斯科特在 1912 年 1 月 18 日也到达了南极点，但由于他们的体力衰竭和暴风雪的提前到来，斯科特和他的探险队员在归途中相继倒下了。8 个月后，营救人员发现了他们的遗体和斯科特留下的一本日记。

人们知晓斯科特最后一次旅行的详情，因为他的日记记到了最后一天。1912 年 11 月，一支搜寻队发现了这本日记，以及斯科特等 3 人的尸体。

第三节　中世纪最伟大的地理学家
——郦道元

郦道元，字善长。汉族，范阳涿州（今河北涿州）人。北朝北魏地理学家、散文家。仕途坎坷，终未能尽其才。他博览奇书，幼时曾随父亲到山东访求水道，后又游历秦岭、淮河以北和长城以南广大地区，考察河道沟渠，搜集有关的风土民情、历史故事、神话传说，撰《水经注》四十卷。文笔隽永，描写生动，既是一部内容丰富多彩的地理著作，也是一部优美的山水散文汇集。可称为我国游记文学的开创者，对后世游记散文的发展影响颇大。另著《本志》十三篇及《七聘》等文，已佚。

伟大的地理学家

郦道元勤奋好学，广泛阅读各种奇书，立志要为西汉后期桑钦编写的地理书籍《水经》作注。他引用的文献多达 480 种，其中属于地理类的就有 109 种。经过多年辛苦，终于写成名垂青史的著作《水经注》。

在漫长的中世纪，西方世界正处在基督教会统治的黑暗时代，全欧洲在地理学界都找不出一位杰出的学者。东方的郦道元留下了不朽的地理巨著《水经注》四十卷，不仅开创了我国古代"写实地理学"的历史，而且在世界地理学发展史上也占有重要的地位，不愧为中世纪最伟大的世界级地理学家。

郦道元生活在南北朝时期，北方为北魏、北齐、北周政权，南方先后为刘宋、南齐、南梁、南陈政权。郦道元虽然只是活动在北魏统治的地区之内，但他的著作并没有受政权和地域的限制，他的视野远远地超出了北魏政权统治的范围，反映了他盼望祖国早日实现统一的心情。在《水经注》中，郦道元所记述的内容包括了全国各地的地理情况，还记述了一些国外的地理情况，其涉及地域东北至朝鲜的大同江，南到越南和柬埔寨，西南到印度河，西至伊朗、苏联咸海，北到蒙古沙漠。可以说，《水经注》是北魏以前中国及其周围地区的地理学的总结。

郦道元在写《水经注》时，突破了《水经》只记河流的局限。他以河流为纲，详细地记述了河流流经区域的地理情况，包括山脉、土地、物产、城市的位置和沿革，村落的兴衰，水利工程，历史遗迹等古今情况，并且具有明确的地理方位和距离的观念。像这样写作严谨、内容丰富的地理著作，在当时的中国以至世界上都是无与伦比的。

从《水经注》中我们可以看到，郦道元以其饱满的笔触，为我们展现了1400年前中国的地理面貌，使人们读后可以对各地的地理状态及其历史变迁有较清晰的了解。例如从关于北京地区的描述中，我们可以知道当时北京城的城址、近郊的历史遗迹、河流以及湖泊的分布等，还可以了解到北京地区人们早期进行的一些大规模改变自然环境的活动，像拦河堰的修筑、天然河流的导引和人工渠道的开凿等。这是我们现在所能得到的关于北京地区最早的地理资料，这些资料对于我们今天仍然是非常有用的。

《水经注》中的内容，除郦道元亲身考察所得到的资料外，还引用了大量的历史文献和资料，其中引用前人的著作达437种之多，还有不少两汉、曹魏时代的碑刻材料。这些书籍和碑刻后来在历史的变迁中大都已经散佚了，幸而有郦道元的引用转录，才使我们能够知道这些书籍和碑刻的部分内容。

作为一位杰出的地理学家，郦道元在《水经注》的序言中对前代的著名地理著作进行了许多点评。秦朝以前，我国已有许多地理类书籍，但当时国家不统一，生产力水平不发达，人们对地理的概念还比较模糊，这些作品中普遍存在的问题就是虚构，如《山海经》、《穆天子传》、《禹贡》等。郦道元坚决反对"虚构地理学"，他在《水经注》序言中提出了自己的研究和工作方法，那就是重视野外考察的重要性。郦道元在实地调查中原地形的同时，又广泛搜求南方的地理著作，进行对比研究，得出自己的结论。

郦道元对地理学的贡献和历史功绩是值得人们尊崇的，因此郦道元被后人尊为中世纪最伟大的地理学家是当之无愧的。

北魏的忠良贤臣

郦道元少年时期，因父亲郦范担任青州刺史，跟随父母居住青州。父亲去世后，郦道元继承爵位，被封为永宁伯，担任太傅掾。493年秋季，北魏王朝迁都洛阳，郦道元担任尚书郎。494年，跟随魏孝文帝出巡北方，因执法清正，被提拔为治书侍御史。

501年，郦道元担任冀州镇东府长史，采取严厉手段，打击邪恶势力。为政严酷，奸匪盗贼闻风丧胆，纷纷逃往他乡，冀州境内大治。504年，郦道元调任颍川太守。后来又调任鲁阳太守，上表请求在当地建立学府，教化乡民。蛮人服其威名，不敢为寇。513年，郦道元升任辅国将军、东荆州刺史，威猛为政。其后，蛮人向朝廷诉讼郦道元为官严厉，朝廷召郦道元返回洛阳。

523年，郦道元担任河南尹，治理京城洛阳。其后，奉诏前往北方各镇，整顿吏治，筹备军粮，作好防守边关的准备。后来，徐州刺史元法僧背叛北魏，投降南梁。郦道元奉诏率军征讨，全军在涡阳奋勇拼杀，多有斩获。返回京城后，升任御史中尉。

皇亲元微诬陷叔父元渊，郦道元力陈事实真相，元渊得以昭雪；元微因此嫉恨郦道元。皇族元悦之亲信丘念仗势操纵州官选用大权，郦道元密访其行踪，将其捕获入狱。元悦请皇太后胡仙真说情，郦道元坚决依法处死丘念，并以此弹劾元悦。元悦从此怀恨在心。

527年11月，南齐皇族、北魏雍州刺史萧宝夤在长安发动叛乱，元微、元悦使出借刀杀人之计，竭力怂恿胡太后任命郦道元为关右大使，去监视萧宝夤。萧宝夤得知情况，立即发兵包围郦道元。贼兵攻入阴盘驿亭，郦道元怒目骂贼，被叛贼杀害，终年五十六岁；其弟郦道峻、郦道博，长子郦伯友、次子郦仲友都被叛贼杀害。萧宝夤下令收殓郦道元，殡于长安城东。528 年春，魏军收复长安，郦道元还葬洛阳，被朝廷追封为吏部尚书、冀州刺史。

郦道元生活在南北朝时期，北方为北魏、北齐、北周政权，南方先后为刘宋、南齐、南梁、南陈政权。郦道元虽然只是活动在北魏统治的地区之内，但他的著作并没有受政权和地域的限制，他的视野远远地超出了北魏政权统治的范围，反映了他盼望祖国早日实现统一的心情。

郦道元的政绩造福一方百姓，当然他在地理方面的贡献更是影响深远。我们也要学习他的务实精神，刻苦钻研，认真求索。

第四节　东方之行不是"天方夜谭"
——马可·波罗

马可·波罗，13 世纪来自意大利的世界著名的旅行家和商人。17 岁时跟随父亲和叔叔，途经中东，历时四年多到达蒙古帝国。他在中国游历了 17 年，曾访问当时中国的许多古城，到过西南部的云南和东南地区。在狱中口述了大量有关中国的故事，其狱友鲁斯蒂谦写下著名的《马可·波罗行记》记述了他在中国的见闻，激起了欧洲人对东方的热烈向往，对以后新航路的开辟产生了巨大的影响。

商人出身，借机旅行

马可·波罗是世界著名旅行家和商人。1254 年生于意大利威尼斯一个商人家庭。他的父亲尼科洛和叔叔马泰奥都是威尼斯商人。

在中世纪，当其他小伙伴还沉迷于弹子游戏时，马可·波罗的父亲和叔叔问他：要不要同他们一起骑马从意大利到中国旅行？现在，让我们看看真正不可思议的事吧，这个热爱冒险的17岁男孩竟然毫不犹豫答应了！

马可·波罗说，在旅行中，他在沙漠里仿佛听到了死神的召唤。但是，当他到达庞大而辉煌的元大都时，他觉得这一切都是值得的。因为一切都那么神奇：可以买东西的纸（币）、色彩艳丽的文身、像神话中独角兽一样的犀牛……

据称17岁时，马可·波罗跟随父亲和叔叔前往中国，历时3年多，于1275年到达元朝的首都，与大汗忽必烈建立了友谊。他在中国游历了17年，曾访问当时中国的许多古城，到过西南部的云南和东南地区。

回到威尼斯之后，马可·波罗在一次威尼斯和热那亚之间的海战中被俘，在监狱里口述旅行经历，由鲁斯蒂谦写出《马可·波罗游记》。但其到底有没有来过中国却引发了争议。《马可·波罗游记》记述了马可·波罗在东方最富有的国家——中国的所见所闻，后来在欧洲广为流传，激起了欧洲人对东方的热烈向往，对以后新航路的开辟产生了巨大的影响。同时，西方地理学家还根据书中的描述，绘制了早期的"世界地图"。

马可·波罗小时候，他的父亲和叔叔到东方经商，来到元大都并朝见过蒙古帝国的忽必烈大汗，还带回了大汗给罗马教皇的信。他们回家后，小马可·波罗天天缠着他们讲东方旅行的故事。这些故事引起了小马可·波罗的浓厚兴趣，使他下定决心要跟父亲和叔叔到中国去。

1271年，马可·波罗17岁时，父亲和叔叔拿着教皇的复信和礼品，带领马可·波罗与十几位旅伴一起向东方进发了。他们从威尼斯进入地中海，然后横渡黑海，经过两河流域来到中东古城巴格达，从这里到波斯湾的出海口霍尔木兹就可以乘船直驶中国了。

他的经历激发了哥伦布和其他不少旅行家的探险兴趣，有很多的文学作品都是基于他的游记。

《马可·波罗游记》是欧洲人撰写的第一部详尽描绘中国历史、文化和艺术的游记。16世纪，意大利收藏家、地理学家赖麦锡说，马可·波罗在1299年写完《游记》，"几个月后，这部书已在意大利境内随处可见"。在1324年马可·波罗逝世前，《马可·波罗游记》已被翻译成多种文字，广为流传。现存的《马可·波罗游记》有119种文字版本。

在把中国文化艺术传播到欧洲这一方面，《马可·波罗游记》具有重要意义。西方研究马可·波罗的学者莫里斯·科利思认为，《马可·波罗游记》"不是一部单纯的游记，而是启蒙式作品，对于闭塞的欧洲人来说，无异于振聋发聩，为欧洲人展示了全新的知识领域和视野。这本书的意义，在于它促进了欧洲人文的广泛复兴"。

马可·波罗的历史贡献

马可·波罗的中国之行及其游记，在中世纪的欧洲被认为是神话，被当作"天方夜谭"。但《马可·波罗游记》却大大丰富了欧洲人的地理知识，打破了宗教的谬论和传统的"天圆地方"说；同时《马可·波罗游记》对15世纪欧洲的航海事业起到了巨大的推动作用。意大利的哥伦布，葡萄牙的达·伽马、鄂本笃，英国的卡勃特、安东尼·詹金森和约翰逊、马丁·罗比歇等众多的航海家、旅行家、探险家读了《马可·波罗游记》以后，纷纷东来，寻访中国，打破了中世纪西方神权统治的禁锢，大大促进了中西交通和文化交流。因此可以说，马可·波罗和他的《马可·波罗游记》给欧洲开辟了一个新时代。

同时，在《马可·波罗游记》以前，更准确地说是在13世纪以前，中西方在政治、经济、文化等方面的交流都是通过中亚这座桥梁间接地联系着。在这种中西交往中，中国一直是以积极的态度，努力去了解和认识中国以外的地方，特别是西方文明世界。

这种中西交往最早可以追溯到周穆王西巡。尽管周穆王西巡的故事充满了荒诞和神话色彩，但至少反映了中国人已开始去了解和认识西方。西汉武帝时期张骞通西域之后，一条从中国经中亚抵达欧洲的"丝绸之路"出现了，中国对西方世界有了更进一步的认识和了解。

唐朝是中国封建社会的鼎盛时期，经济、文化等都达到了空前的繁荣，一大批西方的商人来到中国，中国对西方世界的认识更深入了。但直到 13 世纪以前，中西交往只停留在以贸易为主的经济联系上，缺乏直接的接触和了解。

而欧洲对中国的认识，在 13 世纪以前一直停留在道听途说的间接接触上，他们对中国的认识和了解非常肤浅，因而欧洲人对东方世界充满了神秘和好奇的心理。《马可·波罗游记》对东方世界进行了夸大甚至神话般的描述，更激起了欧洲人对东方世界的好奇心。这又有意或者无意地促进了中西方之间的直接交往。从此，中西方之间直接的政治、经济、文化交流的新时代开始了。马可·波罗无疑是一个时代的象征。

第五节　环球航行第一人
——斐迪南·麦哲伦

斐迪南·麦哲伦，葡萄牙人，为西班牙政府效力探险。1519-1521 年率领船队首次环航地球，死于菲律宾的部族冲突中。虽然他没有亲自环球，他船上的水手在他死后继续向西航行，回到欧洲。

航行之梦的萌芽

麦哲伦于 1480 年出生于葡萄牙北部波尔图的一个没落的骑士家庭，10 岁时他的父亲将他送进王宫服役，他后来担任王后的侍童。1496 年，他被编入国家航海事务所，1505 年参加了葡萄牙第一任驻印度总督阿尔梅达的远征队，先后跟随远征队到过东部非洲、印度和马六甲等地探险和进行殖民活动。这段经历使他积累了丰富的航海经验。

25 岁那年，他参加了西班牙皇家卫队，从里斯本出发，沿非洲海岸线航行，并参与了对非洲的殖民战争。此后，又与阿拉伯人为争夺贸易地盘打仗，并于 30 岁时离开印度回国。

但是，他在归国途中触礁，被困在一个孤岛上。麦哲伦和他的海员们等了很长时间才等到援救船只，上级了解这一情况后，将他升任为船长，并在军队里服役。

此后，他在东南亚参与殖民战争时了解到，香料群岛东面还是一片大海。而且，他的朋友占星学家法力罗亦计算出香料群岛的位置。他猜测，大海以东就是美洲，并坚信地球是圆的。于是，他便有了做一次环球航行的打算。

在斐迪南·麦哲伦的时代，人们相信地球是圆的，但是却没有一个人通过环球旅行来证明这个事实。于是，证明地球形状这件事就成了麦哲伦义不容辞的责任。

实践环球之旅

33 岁时，麦哲伦回到了家乡葡萄牙。他向葡萄牙国王曼努埃尔申请组织船队去探险，进行一次环球航行。可是，国王没有答应，因为国王认为东方贸易已经得到有效的控制，没有必要再去开辟新航道了。

1517 年，他离开了葡萄牙，来到了西班牙塞维利亚并又一次提出环球航行的请求。塞维利亚的要塞司令非常欣赏他的才能和勇气，答应了他的请求，并把女儿也嫁给了他。

1518 年 3 月，西班牙国王查理五世接见了麦哲伦，麦哲伦再次提出了航海的请求，并献给了国王一个自制的精致的彩色地球仪。国王很快就答应了他。1519 年，在国王的指令下，麦哲伦组织了一支五艘船组成的船队，以特里尼达号为旗舰，另外还有圣安东尼奥号、康塞普逊号、维多利亚号和圣地亚哥号，准备出航。

横渡大西洋

1519 年 8 月，麦哲伦率领五条船的船队出发了。船队在大西洋中航行了 70 天，11 月 29 日到达巴西海岸。第二年 1 月，船队来到了一个无边无际的大海湾。船员们以为到了美洲的尽头，可以顺利进入新的大洋，但是经过实地调查，那只不过是一个河口，即现在的拉普拉塔河。

3 月底，南美进入隆冬季节，于是麦哲伦率船队驶入圣胡安港准备过冬。由于天气寒冷，粮食短缺，船员情绪十分颓丧。船员内部发生叛乱，三个船长联合反对麦哲伦，后来被麦哲伦解决掉了。

不久，麦哲伦在圣胡安港发现了大量的海鸟、鱼类还有淡水，饮食问题终于得到解决。麦哲伦发现附近还有当地的原住居民，这些人体格高大，身披兽皮；他们的鞋子也很特别，他们把湿润的兽皮套在脚上，上至膝盖。雨雪天就在外面再套一双大皮靴。麦哲伦把他们称为"大脚人"，并以欺骗的方法逮捕了两个"大脚人"，并戴上脚镣手铐关在船舱里，作为献给西班牙国王的礼物。

麦哲伦率领船队继续出发，但他们只剩下四条船了。

穿越美洲

1520 年 8 月底，船队驶出圣胡安港，沿大西洋海岸继续南航，准备寻找通往"南海"的海峡。经过三天的航行，在南纬 52°的地方，发现了一个海湾。麦哲伦派两艘船只前去探察，希望查明通向"南海"的水道。当夜遇到了一场风暴，狂飙呼啸，巨浪滔天，派往的船只随时都有撞上悬崖峭壁和沉没的危险。如此紧急情况，竟持续了两天。说来也巧，就在这风云突变的时刻，他们找到了一条通往"南海"的峡道，即后人所称的麦哲伦海峡。

麦哲伦率领船队沿麦哲伦海峡航行。峡道弯弯曲曲，时宽时窄，两岸山峰耸立，奇幻莫测。海峡两岸的土著居民喜欢燃烧篝火，白日蓝烟缕缕，夜晚灯火通明，好像专门为麦哲伦的到来而安排的仪仗队。麦哲伦高兴极了，他在夜里见到陆地上火光点点，便把海峡南岸的这块陆地命名为"火地"，这就是今日智利的火地岛。

经过 20 多天艰苦迂回的航行，终于到达海峡的西口，走出了麦哲伦海峡，眼前顿时呈现出一片风平浪静、浩瀚无际的"南海"。

太平洋上的饥饿

历经 100 多天的航行，一直没有遭遇到狂风大浪，麦哲伦的心情从来没有这样轻松过，好像上帝帮了他大忙。他给"南海"起了个吉祥的名字，叫"太平洋"。在这辽阔的太平洋上，看不见陆地，遇不到岛屿，食品成为最关键的难题。100多个日日夜夜里，他们没有吃到一点新鲜食物，只有面包干充饥，后来连面包干也吃完了，只能吃点生了虫的面包干碎屑。船舱里的淡水也越来越少，最后只能喝带有臭味的浑浊黄水。为了活命，连盖在船桁上的牛皮也被充作食物。由于日晒、风吹、雨淋，牛皮硬得像石头一样，要放在海水里浸泡四五天，再放在炭火上烤好久才能食用。有时，他们还吃木头的锯末粉。

抵达亚洲

1521年3月，船队终于到达三个有居民的海岛，这些小岛是马里亚纳群岛中的一些岛屿。岛上土著人皮肤黝黑，身材高大，他们赤身露体，然而却戴着棕榈叶编成的帽子。热心的岛民们给他们送来了粮食、水果和蔬菜。在惊奇之余，船员们对居民们的热情无不感到由衷的感激。

但由于土著们从未见到过如此壮观的船队，对船上的任何东西都表现出新奇感，于是从船上搬走了一些物品。船员们发觉后，便大声叫嚷起来，把他们当作强盗，还把这个岛屿改名为"强盗岛"。当这些岛民偷走系在船尾的一只救生小艇后，麦哲伦生气极了，他带领一队武装人员登上海岸，开枪打死了7个土著人，放火烧毁了几十间茅屋和几十条小船。于是在麦哲伦的航行日记上留下很不光彩的一页。

船队再往西行，来到现今的菲律宾群岛。此时，麦哲伦和他的同伴们终于首次完成横渡太平洋的壮举，证实了美洲与亚洲之间存在着一片辽阔的水域。这个水域要比大西洋宽阔得多。哥伦布首次横渡大西洋只用了两个月零几天的时间，而麦哲伦在天气晴和、一路顺风的情况下，横渡太平洋却用了一百多天。

麦哲伦首次横渡太平洋，在地理学和航海史上产生了一场革命。证明地球表面大部分地区不是陆地，而是海洋，世界各地的海洋不是相互隔离的，而是一个统一的完整水域。

第六节 最早到达北极的人
——罗伯特·皮尔瑞

罗伯特·皮尔瑞，美国极地探险家，被称为"改变世界的六位探险家之一"，因他和他的团队最早到达北极而闻名。

征服北极

一个世纪以前，英国政府为了奖励北极探险者，曾拨出一笔资金，准备奖给第一个到达北极的探险家。资金虽然不多，但是却起了很大的激励作用，许多探险家跃跃欲试，想摘到第一个到达北极点的桂冠，获得这一令人心驰神往的历史的荣誉。

1902 年，皮尔瑞开始向极地进发。他在北纬 80°的地方建立了几座仓库，为未来的北极探险减少负载。这次探险也使皮尔瑞适应了北极环境，为以后的成功创造了条件。

又过了 3 年，50 岁的皮尔瑞再次组织北极探险。探险队登上"罗斯福号"船，从纽约出发，向北方驶去。同去探险的除了白人探险家外，还有一些熟悉北极情况的爱斯基摩人。1906 年 2 月，探险船来到了赫克拉岬地。皮尔瑞指挥爱斯基摩人在冰上建立航线和补给站，以节约极点冲刺突击队员的体力。但是，爱斯基摩人在建立补给站时遇到极大的困难，皮尔瑞最终放弃了这个设想。第二次探险又没有达到目的。

1909 年 3 月 1 日，皮尔瑞再次组织北极探险。他们从哥伦比亚岬地出发，组织了补给队。他挑选了 4 个最强壮的爱斯基摩人，他的黑人仆人马休·汉森，还有他自己，组成了一个向极点冲刺的突击队。5 部雪橇载着 6 位队员，由 40 只狗拉引着向北极前进。他们越过了 240 公里冰原，4 月 6 日，到达了离北极还有 8 公里的地方，这里是北纬

89°57'。多少年来无数探险家们企盼的北极点已经遥遥在望了。成功在即，为了这一步的成功，多少人葬身北极，多少人徒劳而返。如今，皮尔瑞一行终于临近了多少人梦寐以求的北极点。

他们测定了位置，然后一鼓作气，登上了北极点。北极点没有陆地，而是结了坚冰的海洋。他们在这里插上美国国旗，国旗的一角上写着："1909 年 4 月 6 日，抵达北纬 90°罗伯特·皮尔瑞。"

通向北极的足迹：新一轮征服北极点的竞争

飞临北冰洋

直到 19 世纪末期，虽然有许多航海家都曾试图到达北极点，但他们却并没有把北极点作为当时的直接目标，而只是当作通往东方的必经之路。但是，征服北极点毕竟是他们最伟大的光荣梦想，这一梦想的实现随着北极航线的开通而变得更加令人急不可待。在新一轮征服北极点的竞争中，民族光荣与体育冒险精神已经超过了商业利益。更为重要的是，现代科学考察活动也开始渗透到北极探险活动之中。徒步征服北极点的光荣归于美国探险家罗伯特·皮尔瑞，他在 23 年的时间里多次考察北极地区，终于在 1909 年 4 月 6 日把美国国旗插在北极点的海冰上。1937 年，两个苏联人乘飞机第一次在北极点降落。

从北极航线的开通到征服北极点的过程，可以称为北极点探险时期。

北冰洋岸堆积冰

1957 ～ 1958 年国际地球物理年的大规模科学活动，标志着北极单纯探险时期的结束和科学考察时期的开始。但是，对于地球的未知领域来说，科学与探险是无法截然分开的。更何况北极的科学探险又和政治、军事、经济密切相关，因而各现代国家的政府、民间团体或个人，从来没有间断过对北极点的关注。1958 年，美国的核动力潜艇从冰下第一次穿过北极点。

1959 年，美国潜艇"鹦鹉螺"号第一次冲破冰层，在北极点浮出水面。1968 年，美国的一个探险家自皮尔瑞之后第一次乘雪上摩托到达北极点。1969 年，一个英国的探险队乘狗拉雪橇从巴罗出发，也到达了北极点。1971 年，意大利人莫里齐诺沿当年皮尔瑞的路线到达了北极点。1977 年，苏联破冰船"北极"号第一次破冰斩浪，航行到了北极点。

敢问路在何方

1978 年，日本勇敢的单身探险家植村独自驾着狗拉雪橇，完成了人类历史上第一次一个人单独到达北极点的艰难旅程。值得一提的是，他是到目前为止唯一只身到达北极点的亚洲人。

1979 年，一个苏联探险队第一次靠滑雪从冰面上到达了北极点。

回顾人类进军北极的历程，可以看出"天然时期"主要是由亚洲人完成的。而自从文明人类有目的地探索北极开始，就几乎全是欧洲人的功劳了。直到 20 世纪 80 年代，中华民族终于抬起头，把目光投向了遥远的地平线。改革开放以来，我们中华民族的足迹正在迅速地延伸到世界的各个角落，包括最遥远的南极大陆。然而，时至今日，却仍然还有约占地球表面积 1／7 的一大片地区，还没有中国人的足迹，那就是地球之巅——北极。

1993 年 4 月 8 日，一位名叫李乐诗的香港女士，第一次代表占世界人口 1／5 的中华民族乘飞机到达北极点，迎着狂风展开了一面五星红旗。如今她已经凯旋，我们正等待着出征。

第七节　走向海洋的中国人
——郑和

郑和，原名马和，出身云南昆阳世家，明朝伟大的航海家。1381 年冬，明军进攻云南，11 岁的马和被掳入明营，受宫成为太监，后进入朱棣的燕王府。在靖难之变中，在河北郑州（今河北任丘北）为朱棣立下战功。

1404 年明成祖朱棣以示嘉奖，因此在南京御书"郑"字赐马和郑姓，改名为郑和，任内官监太监，官至四品，地位仅次于司礼监。1405-1433 年间，郑和七下西洋，完成了人类历史上伟大的壮举。

授以重任

元朝初年，郑和的祖先移居云南，是元朝云南王麾下的贵族，时称"色目人"，世代信奉伊斯兰教。郑和原本姓马，名"和"，生在一个富有冒险精神的家庭里，祖父和父亲都曾经跋涉千里，朝觐麦加，因而被当地百姓尊称为"哈只"，即"巡礼人"或朝圣者之意。郑和母亲姓温，非常贤良，有一个哥哥、两个姐姐，哥哥叫马文铭，郑家在当地很受人们的尊敬。

1381年明朝皇帝朱元璋为了消灭盘踞云南的元朝残余势力，派手下大将傅友德、蓝玉等率30万大军，发起统一云南的战争。在战乱中，年仅11岁的马和被明军俘虏，被阉割，在军中做秀童。后来，进入南京宫中，在14岁那年来到北平的燕王府。燕王朱棣见马和聪明、伶俐，便把马和留在身边，成为燕王的亲信。为了提高身边亲信的文化水平，朱棣不仅挑选学识丰富的官员到府中授课，而且还让他们随意阅读府中的大量藏书。天资聪颖、勤奋好学的马和很快便成了学识渊博的人。

由于马和身材魁梧，知识丰富，思维敏捷，出色地完成燕王委派他的使命，得到朱棣的器重，内侍中没有一个人能比得过他。尤其是在帮助朱棣登基称帝的过程中马和立下大功，更为朱棣所赏识。后来，马和被赐姓"郑"，从此便改称为"郑和"。同时，升迁为"内官监太监"，相当于正四品官员，史称"三宝太监"。

朱棣对郑和如此器重，并且对郑和委以重任是有原因的。

第一，郑和懂兵法，有谋略，英勇善战，具有军事指挥才能。郑和少年时就在明军中服役，在明军中长大，后转入燕王府侍候朱棣。郑和成年后，经受了战火考验，跟着朱棣参加"靖难之役"，出生入死，转战南北，经历数次重大战役，具有实战经验。为此，朱棣皇帝才授予郑和"钦差总兵太监"军衔，将二万余名官兵交给郑和指挥。郑和下西洋中的几次军事行动也证明了郑和的军事指挥才能，确保了这几次军事行动的成功。

第二，郑和知识丰富，熟悉西洋各国的历史、地理、文化、宗教，具有卓越的外交才能。在郑和下西洋前，郑和曾出使暹罗、日本，有进行外交活动的经验。特别是1404年出使日本，通过郑和的外交活动，使得日本国主动出兵清剿在中国沿海的倭寇，并与中国正式建立外交关系，签订贸易条约。这些外交成果使朱棣皇帝十分满意。正是由于郑和具有卓越的外交才能，才促使朱棣皇帝把下西洋重任交给郑和。

在下西洋途中，郑和不辞辛劳，往返于西洋各国之间，妥善处理各种外交事务，解决了一系列棘手问题，化解了矛盾，稳定了国际关系，提高了中国威信。这充分证明了郑和娴熟的外交手腕和卓越的外交才能。

第三，郑和具有一定的航海、造船知识。郑和从小就从其父亲那里得到有关的航海知识，熟悉海洋，向往航海。在郑和担任内宫监太监时，营造宫殿，监造船舶，有造船经验。在下西洋前，郑和进行了两次较远距离的海上航行，增加了航海知识，积累了航海经验，为下西洋远航打下了基础。在下西洋途中，郑和通过航海实践不断地丰富航海知识，积累航海经验，提高航海技术，使他能率领船队圆满地完成下西洋远航任务。

第四，郑和身份特殊，熟悉回教地区习俗。郑和下西洋途经的国家、地方，无论信仰风俗是什么，郑和凭菩萨戒之善巧方便，出色地完成远航任务。

郑和是人类历史上杰出的航海家。他的才能在他一生所做的各项伟大事业中体现得淋漓尽致，他在航海、外交、军事、建筑等诸多方面都表现出卓越的智慧与才识。正是由于郑和自身条件和所具备的才能、素质，才为朱棣皇帝所赏识，并委以重任，成为下西洋船队的统帅。

七下西洋

1405年7月11日，明成祖朱棣命郑和率领庞大的240多艘海船、

27400 名船员组成的船队远航，访问了 30 多个在西太平洋和印度洋的国家和地区，加深了中国同东南亚、东非的友好关系。每次都由苏州刘家港出发，一直到 1433 年，他一共远航了七次之多。最后一次，他回到故里时，在船上因病过世。最远到达红海沿岸和非洲东海沿岸。

第一次下西洋

1405 年 7 月 11 日，郑和船队从南京龙江港启航，经太仓出海，于 1407 年 10 月回国。

第二次下西洋

1407 年，在郑和回国十几天后，就第二次下西洋了。主要访问了占城、爪哇、暹罗、满剌加、南巫里、加异勒、锡兰、柯枝、古里等国。于 1409 年夏天回国。郑和专程到锡兰，对锡兰山佛寺进行布施，并立碑为文。

第三次下西洋

1409 年 10 月郑和从太仓刘家港启航，姚广孝、费信、马欢等人随同前往，到达越南、马来西亚、印度等地，回国途中访锡兰山，1411 年 7 月回国。

第四次下西洋

1413 年 11 月郑和开始了第四次下西洋。他绕过阿拉伯半岛，首次航行东非麻林迪，1415 年 8 月回国。同年 11 月，麻林迪特使来中国进献"麒麟"（即长颈鹿）。

第五次下西洋

1417 年 6 月，郑和一行途经泉州，到占城、爪哇，最远到达东非木骨都束、卜喇哇、麻林等国家，1419 年 8 月回国。

第六次下西洋

1421 年 3 月，郑和往榜葛剌（孟加拉），史载"于镇东洋中，官舟遭大风，掀翻欲溺，舟中喧泣，急叩神求佑，言未毕……风恬浪静"，中道返回，1422 年 9 月回国。1424 年，明成祖去世，仁宗朱高炽即位，以经济空虚为由，下令停止下西洋的行动。

第七次下西洋

1431 年 1 月，郑和开始了第七次下西洋。他从龙江关（今南京下关）

启航，人数据载有 27000 多人。返航后，郑和因劳累过度于 1433 年 4 月在印度西海岸古里去世。船队由太监王景弘率领返航，1433 年 7 月 22 日返回南京。

郑和曾到达过爪哇、苏门答腊、暹罗木骨都束等三十多个国家，最远曾达非洲东海岸和红海沿岸，并有可能到过澳大利亚。这些记载都代表了中国的航海探险的高峰，比西方探险家达伽马、哥伦布等人早 80 多年。当时明朝在航海技术、船队规模、航程之远、持续时间、涉及领域等均领先于同一时期的西方。

第 7 章

奉献自己，沟通世界
——科学英雄的求知人生

科学技术是第一生产力。放眼古今中外，人类社会的每一项进步，都伴随着科技的进步。科学是认识世界的过程，而随着人类探索的深入，它给人类生活带来了不小的便利。比如计算机的问世，把世界带入信息时代，缩短了世界的距离；关于疾病的研究和认识提高了人类的平均寿命等等。

第一节 透过他可以看到一位巨人
——冯·诺依曼

约翰·冯·诺依曼，美籍匈牙利人，数学家、计算机学家、物理学家、经济学家、发明家，"现代电子计算机之父"。正是他，开创了现代计算机理论，其体系结构沿用至今，而且他早在 40 年代就已预见到计算机建模和仿真技术对当代计算机将产生的深远的影响。

生平轶事

冯·诺伊曼从小就显现出数学天分，关于他的童年有不少传说，大多数传说都讲到冯·诺伊曼自童年起在学习知识和解题方面就具有惊人的速度。6 岁时他能心算做八位数乘除法，8 岁时就掌握微积分，12 岁就读懂了波莱尔的大作《函数论》要义。

1921 年，冯·诺依曼通过"成熟"考试时，已被大家当作数学家了。他的第一篇论文是和菲克特合写的，那时他还不到 18 岁。冯·诺依曼的父亲麦克斯由于考虑到经济上原因，请人劝阻年方 17 的冯·诺依曼不要专攻数学，后来父子俩达成协议，冯·诺依曼便去攻读化学。

其后的四年间，冯·诺依曼在布达佩斯大学注册为数学系的学生，但并不听课，只是每年按时参加考试。1921 年冯·诺依曼进入柏林大学，1923 年又进入瑞士苏黎世联邦工业大学学习化学。1926 年他在苏黎世获得化学学士学位，通过每学期期末回到布达佩斯大学参加课程考试，他获得了布达佩斯大学数学博士学位。

逗留苏黎世期间，冯·诺依曼常常利用空余时间研读数学、写文章和数学家通信。在此期间冯·诺依曼受到了希尔伯特和他的学生施密特和外尔的思想影响，开始研究数理逻辑。当时外尔和波伊亚两人也在苏黎世，他和他们有过交往。一次外尔短期离开苏黎世，冯·诺依曼还代他上过课。聪明与智慧加上得天独厚的栽培，冯·诺依曼在茁壮地成长，当他结束学生时代的时候，他某些方面已经走在数学、物理、化学三个领域的前沿。

1926 年春，冯·诺依曼到哥廷根大学任希尔伯特的助手。1927 ～ 1929 年，冯·诺依曼在柏林大学任兼职讲师，期间他发表了集合论、代数和量子理论方面的文章。1927 年，冯·诺依曼到波兰里沃夫出席数学家会议，那时他在数学基础和集合论方面的研究已经很有名气。

1929 年，冯·诺依曼转任汉堡大学兼职讲师。1930 年他首次赴美，成为普林斯顿大学的客座讲师。善于汇集人才的美国大学不久就聘冯·诺依曼为客座教授。

在高等研究院初创期间，欧洲来访者会发现，那里充满一种极好的不拘礼节的、浓厚的研究风气。教授们的办公室设置在大学的"优美大厦"里，生活安定，思想活跃，高质量的研究成果层出不穷。可以这样说，那里集中了有史以来最多的有数学和物理头脑的人才。

二次大战欧洲战事爆发后，冯·诺依曼的活动越出了普林斯顿，参与了同反法西斯战争有关的多项科学研究计划。1943 年起他成了制造原子弹的顾问，战后仍在政府诸多部门和委员会中任职。1954 年成为美国原子能委员会成员。

冯·诺依曼的多年老友、原子能委员会主席斯特劳斯曾对他作过这样的评价：从他被任命到 1955 年深秋，冯·诺依曼干得很漂亮。他有一种让人望尘莫及的能力，最困难的问题到他手里，都会被分解成一件件看起来十分简单的事情，用这种办法，他大大地促进了原子能委员会的工作。

独特贡献

回顾 20 世纪科学技术的辉煌发展时，不能不提及 20 世纪最杰出的数学家之一的冯·诺依曼。众所周知，1946 年发明的电子计算机，大大促进了科学技术的进步，大大促进了社会生活的进步，鉴于冯·诺依曼在发明电子计算机中所起到关键性作用，他被世人誉为"计算机之父"。而在经济学方面，他也有突破性成就，被誉为"博弈论之父"。在物理领域，冯·诺依曼在 20 世纪 30 年代撰写的《量子力学的数学基础》已经被证明对量子物理学的发展有极其重要的价值。在化学方面也有相当的造诣，曾获苏黎世高等技术学院化学系大学学位。与同为犹太人的哈耶克一样，他无愧为 20 世纪最伟大的全才之一。

冯·诺依曼在数学的诸多领域进行了开创性工作，并做出了重大贡献。在第二次世界大战前，他主要从事算子环理论、集合论等方面的研究。1923 年关于集合论中超限序数的论文，显示了冯·诺依曼处理集合论问题所特有的方式和风格。他把集合论加以公理化，他的公理化体系奠定了公理集合论的基础。他从公理出发，用代数方法导出了集合论中许多重要概念、基本运算、重要定理等，特别在 1925 年的一篇论文中，冯·诺依曼就指出了任何一种公理化系统中都存在着无法判定的命题。

1933 年，冯·诺依曼解决了希尔伯特第 5 问题，即证明了局部欧几里德紧群是李群。1934 年他又把紧群理论与波尔的殆周期函数理论统一起来. 他还对一般拓扑群的结构有深刻的认识，弄清了它的代数结构和拓扑结构与实数是一致的。他对算子代数进行了开创性工作，并奠定了它的理论基础，从而建立了算子代数这门新的数学分支。这个分支在当代的有关数学文献中均称为冯·诺依曼代数，这是有限维空间中矩阵代数的自然推广。

冯·诺依曼还创立了博弈论这一现代数学的又一重要分支。1944

年发表了奠基性的重要论文《博弈论与经济行为》，论文中包含博弈论的纯粹数学形式的阐述以及对于实际博弈应用的详细说明，文中还包含了诸如统计理论等教学思想。冯·诺依曼在格论、连续几何、理论物理、动力学、连续介质力学、气象计算、原子能和经济学等领域都做出过重要贡献。

科学界对冯·诺依曼一致的认可，就是对他在计算机科学、计算机技术、数值分析和经济学中的博弈论等方面的开拓性工作。

第二节　幸运喜欢照顾勇敢的人
——达尔文

查尔斯·罗伯特·达尔文，英国生物学家，进化论的奠基人。曾乘贝格尔号舰做了历时 5 年的环球航行，对动植物和地质结构等进行了大量的观察和采集。出版《物种起源》这一划时代的著作，提出了生物进化论学说，从而摧毁了各种唯心的神造论和物种不变论。除了生物学外，他的理论对人类学、心理学、哲学的发展都有不容忽视的影响。恩格斯将"进化论"列为 19 世纪自然科学的三大发现之一。

进化论的创立

1831 年毕业于剑桥大学后，达尔文的老师亨斯洛推荐他以"博物学家"的身份参加同年 12 月 27 日英国海军"小猎犬号"舰环绕世界的科学考察航行。先在南美洲东海岸的巴西、阿根廷等地和西海岸及相邻的岛屿上考察，然后跨太平洋至大洋洲，继而越过印度洋到达南非，再绕好望角经大西洋回到巴西，最后于 1836 年 10 月 2 日返抵英国。

他在随"小猎犬号"环球旅行时，随身带了几只鸟，为了喂养这些鸟，又在船舱中种了一种叫草芦的草。船舱很暗，只有窗户透射进阳光，达尔文注意到，草的幼苗向窗户的方向弯曲、生长。但后来几十年间，达尔文忙着创建进化论，直到其晚年，才着手进行一系列实验，研究向光性的问题，在 1880 年出版的《植物的运动力》一书中总结了这些实验结果。

回到英格兰后，他一直忙于研究，立志成为一个促进进化论的严肃科学家。1838 年，他偶然读了 T·马尔萨斯的《人口论》，从中得到启发，更加确定他自己正在发展的一个很重要的想法：世界并非在一周内创造出来的，地球的年纪远比《圣经》所讲的老得多。所有的动植物也都改变过，而且还在继续变化之中。至于人类，可能是由某种原始的动物转变而成的，也就是说，亚当和夏娃的故事根本就是神话。

达尔文领悟到生存斗争在生物生活中意义，并意识到自然条件就是生物进化中所必须有的"选择者"，具体的自然条件不同，选择者就不同，选择的结果也就不相同。

然而，他对发表研究结果抱着极其谨慎的态度。1842 年，他开始撰写一份大纲，后将它扩展至数篇文章。1858 年，出于年轻的博物学家 R.华莱士创造性顿悟的压力，加之好友的鼓动，达尔文决定把华莱士的文章和他自己的一部分论稿呈交专业委员会。1859 年，《物种起源》一书问世，初版 1250 册当天即告售罄。以后达尔文费了 20 年的时间搜集资料，以充实他的物种通过自然选择进化的学说，并阐述其后果和意义。

作为一个不求功名但具创造性的人，达尔文回避了对其理论的争议。当宗教狂热者攻击进化论与《圣经》的创世说相违背时，达尔文为科学家和心理学家写了另外几本书。《人类的由来及性选择》一书报告了人类自较低的生命形式进化而来的证据，报告了动物和人类心理过程相似性的证据，还报告了进化过程中自然选择的证据。

达尔文生物思想的发展

关于万物互相转化和演变的自然观可以追溯到人类文明的早期。例如，中国《易经》中的阴阳、八卦说，把自然界还原为天、地、雷、风、水、火、山、泽八种基本现象，并试图用"阴阳"、"八卦"来解释物质世界复杂变化的规律。

古希腊阿那克西曼德（约公元前 6 世纪）认为生命最初由海中软泥产生，原始的水生生物经过蜕变（类似昆虫幼虫的蜕皮）而变为陆地生物。中世纪的西方，基督教圣经把世界万物描写成上帝的特殊创造物。这就是所谓特创论。

与特创论相伴随的目的论则认为自然界的安排是有目的性的，"猫被创造出来是为了吃老鼠，老鼠被创造出来是为了给猫吃，而整个自然界创造出来是为了证明造物主的智慧"。

从 15 世纪后半叶的文艺复兴到 18 世纪，是近代自然科学形成和发展的时期。这个时期在科学界占统治地位的观点是不变论。当时这种观点被牛顿和林奈表达为科学的规律：地球由于所谓第一推动力而运转起来，以后就永远不变地运动下去，生物种原来是这样。

康德的天体论首先在不变论自然观上打开了第一个缺口；随后，转变论的自然观就在自然科学各领域中逐渐形成。这个时期的一些生物学家，往往在两种思想观点中彷徨。例如林奈晚年在其《自然系统》一书中删去了物种不变的词句；法国生物学家布封虽然把转变论带进了生物学，但他一生都在转变论和不变论之间徘徊。拉马克在 1809 年出版的《动物哲学》一书中详细阐述了他的生物转变论观点，并且始终没有动摇。

第三节　不甘示弱的求索者
——林兰英

　　林兰英，祖籍福建莆田，中国著名的半导体材料专家，被称为中国半导体材料之母。中国科学院半导体研究所研究员，长期从事半导体材料科学研究工作，是我国半导体科学事业开拓者之一。先后负责研制成我国第一根硅、锑化铟、砷化镓、磷化镓等单晶，为我国微电子和光电子学的发展奠定了基础；负责研制的高纯度汽相和液相外延材料达到国际领先水平。

不甘示弱的求索者

　　1918 年 2 月 7 日，林兰英诞生在明代嘉靖年间的南京御史、清官林润故居里。林兰英的降生给位于城里下务巷林宅大院的上空蒙上了一层阴影。莆田这个"文献名邦"、"海滨邹鲁"，孔孟之道氛围浓厚，何况林宅大院，人们最关注的是添"丁"，生个男孩，而林兰英偏偏是个女孩，同样是女人的祖母说：生了个"没用的东西"。

　　顶着"没用的东西"这个世俗沉重的压力，年轻的林兰英冲破重重阻力，顽强地生长。经过一番绝食斗争，家人批准林兰英上了砺青小学，后来保送进入砺青中学。尔后又以优异的成绩，考入省立莆田中学高中部，成了当时高一年段唯一的一名女生。一年后转学到咸益女子中学，成绩一直名列前茅。1936 年，林兰英又以优异的成绩考入了福建协和大学。当时整个莆田县女大学生屈指可数，这次，林宅大院充满了喜庆气氛，当年"没用的东西"成了林家的宠儿。母亲格外高兴，过去一切的委屈、忍辱负重化为乌有，为自己生了个女大学生而感到自豪。

　　为了攀登科学高峰，"路漫漫其修远兮，吾将上下而求索"，林兰英沿着崎岖山路，不畏艰难义、无反顾地不断攀登。1948年8月9日，她离开亲人，离开祖国，远涉重洋到美国留学。几度风雨，几度春秋，1955年6月，美国宾西法尼亚大学建校215年以来，第一次出现了一个中国博士的名字，她就是林兰英。

之后，她被聘为从事半导体科研工作的索菲尼亚公司高级工程师，她超人的智慧和埋头苦干精神受到公司的赞扬。正是靠林兰英杰出的科学分析指导，公司成功地造出了第一根硅单晶。不久，又为公司申报了两项专利。同时，她的论文陆续在权威学术期刊上发表。公司三次提高她的年薪，另一家半导体公司开出更高的价格想挖走林兰英。面对种种优惠条件和常人梦寐以求的诱惑，林兰英不为所动，因为她想回故乡了。1957年1月，她终于回到了祖国的怀抱。

林兰英是属于全中国的，不久，她就离家北上，像当年赴美时一样，仍由大弟林文豪送她经上海去北京，在中国科学院物理所工作。工作才一星期，林兰英就得了急性腹膜炎，动了手术。此事惊动了周总理，她一上手术台，日理万机的周总理亲自打去电话，指示医院"只能治好，不能出意外"，并说这是一项政治任务。林兰英知道后热泪盈眶。后来她又知道，从她交涉回国起，直至安排工作，始终在周总理的关怀下进行。总理的人格深深震撼着林兰英，她决心以总理为楷模，拼命工作，报效祖国和人民。

术业专攻的巾帼英杰

1957年，林兰英和同事们研制成功了中国第一根锗单晶；1958年初，我国的半导体收音机诞生了；那年国庆前夕，又研制成功了中国第一根硅单晶；1962年，拉制成功砷化镓单晶；1964年，砷化镓二极管激光器问世；1987年，林兰英和同事们又"异想天开"，利用卫星研制成功了两块太空砷化镓单晶，这一"国际领先"的科研成果，受到全世界科学家的关注，林兰英赢得了"太空材料之母"的桂冠。

她创造了一个又一个高精尖科技成果，鲜艳的五星红旗一次又一次在国际科技"奥运会"上升起，林兰英为祖国和人民赢得了殊荣。中央电视台"东方之子"栏目专题报道了她，报刊、电台也不断介绍她光彩照人的事迹和杰出的贡献。她受到了三代中央领导人的关怀和接见，受到了全国人民包括莆田父老乡亲们的爱戴。

林兰英在盛名之下仍保持谦逊、俭朴、坦诚的传统美德，每次回到家乡莆田，她关心的是科教发展、经济建设和家乡变化。她一以贯之地支持历任莆田父母官的工作，从不干预，从不给领导添麻烦，总是献计献策，希望家乡更美好。她深深地眷恋生她养她的故宅大院，但当城建需要拆迁时，她没有二话；她亲爱的父亲被不公正对待过，"文革"时被"造反者"从北京揪回原籍莆田，竟在南下的火车上被殴打致死；她自己和弟弟林文豪也受到冲击，但她从无怨言，而是更加努力地工作、创造、奉献！

林兰英不仅术业专攻，而且满怀一颗热切的爱国之心。20 世纪 80 年代中期，她去美国几所大学访问，向那里的中国留学生说了这样一段话："不能用 50 年代的条件要求你们，因为时代不同了。但无论是 50 年代还是 80 年代，甚至是 21 世纪，有一个我们大家必须遵循的共同点，那就是凡是炎黄子孙，都应该把你们的黄金时代贡献给祖国的科学事业。"

林兰英在美国学成后便想回国，只因受到美国政府的重重阻碍才未能成行。1956 年在日内瓦国际会议上，中国政府经过艰苦的努力才与美国达成中国留美学生可以自由回国的协议。林先生得知此消息兴奋不已。她于 1956 年 6 月以"母亲重病"为由，向驻美国大使馆提交回国申请，9 月使馆通知她填写有关回国事宜的表格。

当她向所在的公司递交辞职报告时，公司主管十分意外，说："我正在考虑给你提薪的问题，相信那个数字是不会让你失望的。你回到历经战乱的中国，只会过一种大大低于美国生活水准的生活。"这话在当时也是不无道理的。在她回国时索菲尼亚公司给她年薪 10000 美元，回国后每月才 207 元人民币，这钱供父母、外婆、侄儿、侄女和她六口人的生活。她从回国直至 1974 年才住上有暖气的房子……

但她一生对金钱不存奢望，只对事业科研有兴趣。她去苏联讲一个月学给她 1000 卢布，她觉得这卢布带回来也没用，就买了不少科研所需的大大小小的马达带了回来。面对公司的挽留，她无所动心，执意要回国。一对美籍华人夫妇从费城驾车赶至长岛劝说林先生留美，林先生说："您要说服我不回国就像我要说服您回国一样，是不可能的！"

步入老年的林兰英爱国不减当年。心中有许多科技梦想，但苦于资金不足。一次，她所在的研究室买了一家公司的镓，公司主动给他们回扣，可他们执意不要钱，让公司再给他们一些镓做研究。林兰英很为她所在的团队感动，说："那些年轻人很可爱。"林兰英以坚强的意志和出色的智慧谱写了一曲中国女性的奋斗之歌。

第四节　荣誉大于美貌
——海蒂·拉玛

20 世纪 30 年代初，10 多岁的海蒂·拉玛因她惊人的美丽被一位美国导演发掘，从此便踏入好莱坞。作为出身显赫、与各国军方高层私交甚好的好莱坞巨星，她曾被誉为是全世界最美丽的女人，同时有另一项宝贵发明——为当今大热的通信技术 LAN 和手机移动通信技术奠定了基础，永远留存并造福于后人。

传奇岁月

海蒂·拉玛 1914 年出生于一个维也纳犹太银行家家庭。少女时代的她很快迷上了表演，放弃了选修的通信专业到柏林学习表演。凭着无与伦比的外表和表演欲，16 岁的海蒂就迎来了她的第一部电影《街上的钱》。1932 年，一家捷克斯洛伐克电影公司邀请 18 岁的海蒂担当《神魂颠倒》的女主角。

奥地利的军火大亨曼德尔因海蒂在片中出色的表演，很快把想象的欲望化为行动，迎娶了海蒂。随后他一掷千金，拼命收集这部影片的拷贝，不允许任何人对他的海蒂小姐再有任何的"想象"。曼德尔也是一名犹太人，但他支持纳粹，甚至成为纳粹主要军备的奥地利军队供应商。他很重视无线电信号遥控鱼雷和无线通信干扰技术。虽然无线通信技术在当时属于国家最高级别军事机密，但曼德尔与武器专家谈论相关技术时，允许海蒂旁听甚至记录。他没想到通信专业出身的海蒂在数月后基本掌握了这项技术。不过，曼德尔不愿妻子在外抛头露面。她曾提过想继续拍电影，被曼德尔粗暴地拒绝了。"我连游泳和上街的自由都没有"，这让海蒂小姐对曼德尔彻底死心了。

二战期间，参战各方都想提高鱼雷命中率，他们通常会用无线信号引导鱼雷。但敌方也可以通过干扰无线电信号，让鱼雷偏离攻击目标。早期的通信是同时在一个单独的频道上传输，敌方探察到引导频道，就可以有效地干扰信号。海蒂认为自己能解决单独无线信号频道的技术瓶颈。她设想在鱼雷发射和接收两端，同时用数个窄频信道传播信息，这些信号按一个随机的信道序列发射出去，接收端则按相同的顺序将离散的信号组合起来。这样一来，对于不知信道序列的接收方来说，接收到的信号就是噪音。与此同时，由于接收端只需要对数个特殊频段的特定序列信号敏感，对一般的噪声免疫力很好，而敌方又不可能实现全频段的干扰，但怎么才能做到这一点呢？

这时，她结识了富有传奇色彩的音乐家乔治·安泰尔。安泰尔是当时先锋派作曲界的顶尖人物之一，创作并演奏了《飞机奏鸣曲》、《爵士奏鸣曲》、《机器之死》等曲目，名噪一时。1933 年安泰尔开始为好莱坞进行电影音乐创作，并开始进行人体内分泌的研究。

起初，海蒂只是把安泰尔看作腺体专家，向他请教怎样才能把她的胸部变得更大。后来，两人的话题从腺体转到武器。安泰尔提出，可以借鉴自动钢琴的做法来实现"跳频"的想法。自动钢琴很像老式计算机，通过读入编好码的打孔纸带来演奏。1940 年 12 月，两人将一份说明送交至国家发明家委员会。1942 年 8 月，这项发明被授予美国专利。

专利说明描述了一种引导鱼雷的通信方法：在一段固定时间内，在载波频率之间发射方和接收方用一种同步的通信方式。被发射方（飞机）和接收方（鱼雷）所采用载波频率同步的编号，由一种类似自动钢琴音乐筒的装置控制，该装置有一个独特的由 88 个可能的阶梯组成的序列。通过在每个频率上发送整个信息的一小部分，鱼雷能受到操纵。干扰通信的企图通常一次只能是一条信道失去作用，而在其他信道上的信息足以保证鱼雷做出必要的方向矫正，以击中目标。

当时，没有多少人认为可以将音乐装置放进鱼雷。对此安泰尔自嘲道："我们所犯的错误就是在解释这项技术时为了听众能更好地理解，引用了自动钢琴的原理。"不久，海蒂和安泰尔又回归了各自的艺术圈，而跳频技术则沉入了故纸堆。

扩频之母

二战中，美国人从未将跳频技术用于进攻纳粹军舰。人们所能知道的对它最早实现是在 20 世纪 50 年代中期，它涉及在飞机和被称作声呐浮标设备之间的双向通信。当时，美国海军给霍夫曼无线电公司一份专利，让它生产声呐浮标以及伴随飞机的无线电。不过，发明者的名字被从文件中抹去，给出的信息处于极度保密状态，霍夫曼公司的技术人员完全不知道，这项专利是一个女演员和一个音乐家搞出来的。

最终，霍夫曼无线电公司完成了这一跳频机械设备。在此基础上，军方研发了许多产品，其中包括一架在越南战争中使用的遥控无人驾驶飞机。古巴导弹危机期间，"跳频"以隐蔽通信的形式在军舰之间构成了海军封锁。

冷战结束后，美军解除了对"跳频"技术的管制，允许其商业化。与此同时，电子晶体管的发展使"跳频"技术的实现越发简单。频率同步方法从机械到电子的转化，促进了它的普遍实现。电子通讯和无线技术得到了长足发展，手机、卫星通信、无线网络等技术引领了信息时代。

在"跳频"技术基础上，1985 年美国的一家名不见经传的小公司在圣迭戈成立，悄悄地研发出 CDMA 无线数字通信系统，这家公司就是高通。高通现在已成为全球 500 强的大公司，而它的理论来源的发明者海蒂却差点被人遗忘。

1997 年，海蒂·拉玛获得了"电子国境基金"的先锋奖，这一奖项对于她在计算机通信方面的贡献给予了承认，表彰她在第二次世界大战中为"远程控制鱼雷"信号装置的设计贡献了才智，后来的无线网络和手机都是受到她当时创意的影响。"她有一个非常惊人的专利，人们通常都想不到电影明星有什么头脑，但她确实有。"高通公司联合创始人安东尼奥说。1997 年，以 CDMA 为基础的 3G 技术开始走入人们视野，科学界才称这位已经 83 岁高龄的美女为"扩频之母"。

第五节　立志是一件很重要的事情
——巴斯德

路易斯·巴斯德，法国微生物学家、化学家。他研究了微生物的类型、习性、营养、繁殖、作用等，奠定了工业微生物学和医学微生物学的基础，并开创了微生物生理学。循此前进，在战胜狂犬病、鸡霍乱、炭疽病、蚕病等方面都取得了成果。英国医生李斯特据此解决了创口感染问题。从此，整个医学迈进了细菌学时代，得到了空前的发展。美国学者麦克·哈特所著的《影响人类历史进程的 100 名人排行榜》中，巴斯德名列第 12 位，可见其在人类历史上巨大的影响力。其发明的巴氏消毒法直至现在仍被应用。

生平事迹

立志是一种很重要的事情。工作随着志向走，成功随着工作来，这是一定的规律。立志、工作、成功，是人类活动的三大要素。立志是事业的大门，工作是登堂入室的旅程，这旅程的尽头就是成功在等待着，来庆祝你努力的结果。

——巴斯德

巴斯德一生进行了多项探索性的研究，取得了重大成果，是 19 世纪最有成就的科学家之一。他用一生的精力证明了三个科学问题：第一，每一种发酵作用都是由于一种微菌的发展，这位法国化学家发现用加热的方法可以杀灭那些让啤酒变苦的恼人的微生物。很快，"巴氏杀菌法"便应用在各种食物和饮料上。第二，每一种传染病都是一种微菌在生物体内的发展。由于发现并根除了一种侵害蚕卵的细菌，巴斯德拯救了法国的丝绸工业。第三，传染病的微菌在特殊的培养之下可以减轻毒力，使他们从病菌变成防病的疫苗。他意识到许多疾病均由微生物引起，于是建立起了细菌理论。

路易斯·巴斯德被世人称颂为"进入科学王国的最完美无缺的人"，他不仅是个理论上的天才，还是个善于解决实际问题的人。他于 1843 年发表的两篇论文——"双晶现象研究"和"结晶形态"，开创了对物质光学性质的研究。1856 年至 1860 年，他提出了以微生物代谢活动为基础的发酵本质新理论，1857 年发表的"关于乳酸发酵的记录"是微生物学界公认的经典论文。1880 年后又成功地研制出鸡霍乱疫苗、狂犬病疫苗等多种疫苗，其理论和免疫法引起了医学实践的重大变革。此外，巴斯德的工作还成功地挽救了法国处于困境中的酿酒业、养蚕业和畜牧业。

巴斯德被认为是医学史上最重要的杰出人物。巴斯德的贡献涉及几个学科，但他的声誉则集中在保卫、支持病菌论及发展疫苗接种以防疾病方面。

巴斯德并不是病菌的最早发现者。在他之前已有基鲁拉、包亨利等人提出过类似的假想。但是，巴斯德不仅热情勇敢地提出关于病菌的理论，而且通过大量实验，证明了他的理论的正确性，令科学界信服，这是他的主要贡献。

说到狂犬病，人们自然会想到巴斯德那段脍炙人口的故事。

在细菌学说占统治地位的年代，巴斯德并不知道狂犬病是一种病毒病，但从科学实践中他知道有侵染性的物质经过反复传代和干燥，会减少其毒性。他将含有病原的狂犬病的延髓提取液多次注射兔子后，再将这些减毒的液体注射狗，这样一来狗就能抵抗正常强度的狂犬病毒的侵染。1885年人们把一个被疯狗咬得很厉害的9岁男孩送到巴斯德那里请求抢救，巴斯德犹豫了一会后，就给这个孩子注射了毒性减到很低的上述提取液，然后再逐渐用毒性较强的提取液注射。

巴斯德的想法是希望在狂犬病的潜伏期过去之前，使他产生抵抗力。结果巴斯德成功了，孩子得救了。1886年还救活了另一位在抢救被疯狗袭击的同伴时被严重咬伤的15岁牧童朱皮叶，现在记述着少年的见义勇为和巴斯德丰功伟绩的雕塑就坐落在巴黎巴斯德研究所外。巴斯德在1889年发明了狂犬病疫苗，他还指出这种病原物是某种可以通过细菌滤器的"过滤性的超微生物"。

1857年路易斯·巴斯德发表的《关于乳酸发酵的记录》是微生物学界公认的经典论文。1880年路易斯·巴斯德成功地研制出鸡霍乱疫苗、狂犬病疫苗等多种疫苗，其理论和免疫法引起了医学实践的重大变革，被视为细菌学之祖。

研究成果

他于1843年发表的两篇论文——《双晶现象研究》和《结晶形态》，开创了对物质光学性质的研究。

1856年至1860年，他提出了以微生物代谢活动为基础的发酵本质新理论。

1857年发表的《关于乳酸发酵的记录》是微生物学界公认的经典论文。

1880年后又成功地研制出鸡霍乱疫苗、狂犬病疫苗等多种疫苗，其理论和免疫法引起了医学实践的重大变革。

此外，巴斯德的工作还成功地挽救了法国处于困境中的酿酒业、养蚕业和畜牧业。

1881 年，巴斯德改进了减轻病原微生物毒力的方法。

1882 年，开始研究狂犬病，证明病原体存在于患兽唾液及神经系统中，并制成咸毒活疫苗，成功地帮助人获得了该病的免疫力，在 1889 年发明了狂犬病疫苗。发展了一项对人进行预防接种的技术。

自从 19 世纪中叶以来，世界大多数地区的人口预期寿命大约翻了一番。人类寿命的显著延长对每一个人产生的巨大影响，很可能超过了整个人类历史上任何其他发展对人的影响。这一现代科学和医学的发展，几乎为我们每个人提供了第二次生命。尽管延长生命的功劳并非全部归功于巴斯德，但巴斯德的贡献是如此的重要，以致毫无疑问的是，降低人类死亡率的大部分荣誉应归功于巴斯德。巴斯德不仅是人类历史上最具影响力的人物之一，也是最值得所有人尊敬的人。

第六节 机会总是留给有准备的人
——法布尔

让·亨利·卡西米尔·法布尔，法国昆虫学家，动物行为学家，文学家。被世人称为"昆虫界的荷马"，昆虫界的"维吉尔"。出生后的几年间，法布尔是在离法布尔家不远的马拉瓦尔祖父母家中度过的，当时年幼的他已被乡间的蝴蝶与蝈蝈这些可爱的昆虫所吸引。

人物事迹

法布尔出生在法国南方一个叫圣雷昂的村子里。由于父母都是农民，法布尔的青少年时期是在贫困和艰难中度过的。他的学习非常刻苦，但由于中学时拉丁文和希腊文都学得相当好，为他以后的写作打下了坚实的基础。

为了谋生，年仅十四岁的法布尔就外出工作，曾在铁路上做苦工，做过市集上卖柠檬的小贩，经常在露天过夜。然而，虽身处困境，法布尔没有放弃对知识的追求，从未中断过自学。终于，在19岁时考进了亚威农师范学校，并获得了奖学金。在师范学校里，法布尔对自然界动植物的兴趣比对"扼杀人性的语法"大得多。

从学校毕业后，法布尔当了小学教师。他一面工作，一面自学，先后拿到了数学、物理等学科的学士学位。他认为"学习这件事不在于有没有人教你，最重要的是在于你自己有没有悟性和恒心。"之后，他亦先后在科西嘉、亚威农等地的中学里任职。当了中学教师后，法布尔对昆虫的兴趣更为浓厚，他还经常带领、指导学生去观察与研究昆虫。这本《昆虫世界》的原文为"昆虫学研究的追忆"，副标题为"对昆虫本能及其习俗的研究"，就是法布尔数十年如一日，放大镜和笔记本不离手，观察、研究昆虫的结晶。

法布尔具有很高的文学造诣，深受文艺复兴时代作家，尤其是拉伯雷的影响。可以说，法国浪漫主义诗人夏多布里昂开创了文学领域中描述海洋、山峦、森林等巨型景物的先河，而法布尔则用朴实、清新的笔调，栩栩如生地记录了昆虫世界中各种各样小生命的食性、喜好、生存技巧、天敌、蜕变、繁殖……

法布尔对昆虫的描述，既充满童心又富有诗意和幽默感。在他的笔下，松树金龟子是"暑天暮色中的点缀，是镶在夏至天幕上的漂亮首饰"；萤火虫是"从明亮的圆月上游离出来的光点"；他描述步甲"打仗这一职业不利于发展技巧和才能……它除了杀戮外，没有其他特长"；犀粪蜣在他眼里是"忘我劳动……坚持在地下劳作，为了家庭的未来而鞠躬尽瘁"。难怪法国著名作家雨果称赞法布尔为"昆虫世界的荷马"。

法布尔的这本名著已被译成十三种文字，一百多年来，激发了几代青少年对自然科学、生物学的兴趣。原文为两大册，共十章。其中"蜘蛛"和"蝎子"在分类中跟昆虫纲同属节肢动物门，幸好作者已做了说明。

法布尔晚年时，法国文学界多次向诺贝尔文学奖评委推荐他，均未成功。为此，许多人或在报刊发表文章或写信给法布尔，为他抱不平。法布尔则回答他们："我工作，是因为其中有乐趣，而不是为了追求荣誉。你们因为我被公众遗忘而愤愤不平，其实，我并不很在乎。"

《昆虫记》的问世被看作动物心理学的诞生，它被誉为"昆虫的史诗"，它是法国著名昆虫学家法布尔的经典著作。作者将专业知识与人生感悟熔于一炉，娓娓道来，在对一种种昆虫的日常生活习性、特征的描述中体现出作者对生活世事特有的眼光。它是一本了解自然、了解昆虫的通俗易懂的经典科普读物。

主要贡献

法布尔被世人称为"昆虫界的荷马"、"昆虫界的维吉尔"。1857年，他发表了《节腹泥蜂习性观察记》，这篇论文修正了当时昆虫学祖师莱昂·杜福尔的错误观点，由此赢得了法兰西研究院的赞誉，被授予实验生理学奖。这期间，法布尔还将精力投入到对天然染色剂茜草或茜素的研究中去。当时法国士兵军裤上的红色，便来自于茜草粉末。

1859年，法布尔获得了此类研究的三项专利。后来，法布尔应公共教育部长维克多·杜卢伊的邀请，负责一个成人夜校的组织与教学工作，但其自由的授课方式引起了某些人的不满。于是，他辞去了工作，携全家在奥朗日定居下来，并一住就是十余年。在这十余年里，法布尔完成了后来长达十卷的《昆虫记》中的第一卷。期间，他多次与好友一同到万度山采集植物标本。

此外，他还结识了英国哲学家米尔，但米尔英年早逝，使两人先前酝酿的计划"沃克吕兹植被大观"因此夭折。同时，一大不幸降临到法布尔身上：他共有六个孩子，其中唯一与父亲兴趣相投、热爱观察大自然的儿子儒勒年仅16岁便离开了人世。此后，法布尔将发现的几种植物献给了早逝的儒勒，以表达对他的怀念。对真菌的研究一直是法布尔的爱好之一。

1878 年，他曾以沃克吕兹的真菌为主题写下许多精彩的学术文章。他对块菰的研究也十分详尽，并细致入微地描述了它的香味，美食家们声称能从真正的块菰中品出他笔下所描述的所有滋味。